심리극,
나는 오늘도 마음을 요리합니다

심리극,
나는 오늘도 마음을 요리합니다

심리극의 마법,
내면의 성장을 위한 감정 연극

박우진 지음

내 마음을 무대에 올리다, 심리극으로 진정한 나를 만나는 시간!

마음속 감정의 무대,
심리극에서 마주하는 나 자신

바른북스

프롤로그

심리극,
마음을 요리하는 예술

현대 사회는 빅데이터, 메타버스, 인공지능 등 급격한 기술 발전으로 인해 크게 변화하고 있습니다. 스마트폰 하나로 쇼핑, 건강 관리, 금융 서비스까지 손쉽게 처리할 수 있는 시대가 열리면서 삶은 더욱 편리해졌습니다. 그러나 이러한 변화와 함께 개인의 선택과 책임에 대한 문제가 새롭게 떠오르고 있으며, 특히 정신건강에 대한 우려가 커지고 있습니다.

우선 기술에 대한 의존이 높아지면서 디지털 중독 문제가 심각합니다. 특히 청소년들 사이에서는 학업 성취도 저하, 사회적 고립, 수면 장애 등이 발생하고 있습니다. 또한, 비대면 활동의 증가로 사람들 간의 대면 접촉이 줄어들면서 사회적 고립감과 고독감도 커지고 있는 상황입니다. 이러한 문제는 특히 노인층이나 사회적 지원 네트워크가 부족한 사람들에게 큰 영향을 미칩니다.

빅데이터와 인공지능의 발전은 정보의 양을 폭발적으로 증가시켜 필요한 정보를 선별하고 처리하는 과정에서 스트레스와 불안감을 유발할 수도 있습니다. 또한, 개인의 데이터가 다양한 목적으로 수집되고 분석되면서 개인정보 유출 및 악용에 대한 우려도 커지고 있습니다. 이는 개인의 안전과 신뢰를 훼손하며, 정신적 스트레스를 초래합니다.

사회는 이러한 긍정석, 부성석 측면이 혼재된 상황 속에서 진화하고 있습니다. 정보의 홍수 속에서 창조적이고 독창적인 사람들이 시대를 이끌어 갈 것이라는 전망은 매우 타당합니다. 이 점에서 모레노의 자발성 이론은 오늘날에도 큰 의미가 있습니다.

◆ 자발성: 창조성의 원천

모레노의 자발성 이론은 현대 사회에서도 유효하며, 창조적이고 자발적인 사람들이 새로운 문제를 해결하고 혁신을 이끌어 사회 발전에 기여할 것이라고 강조합니다. 자발성은 틀에 얽매이지 않는 창조성의 원천으로, 심리극의 창시자 모레노는 자발성이 최고조에 달할 때 진정한 창조성이 발현된다고 보았습니다.

100년 전, 모레노는 저서 《누가 살아남을 것인가?(Who Shall Survive?)》에서 자발성을 '익숙한 상황에서 새로운 반응을 이끌

어 내는 힘'으로 정의했습니다. 자발성은 단순한 적극성이 아니라, 주체적으로 행동하고 틀에 얽매이지 않는 태도와 마음가짐을 의미합니다. 이는 '거리낌 없는 마음'이라고 할 수 있습니다.

모레노는 자발성 없는 삶은 살아갈 가치가 없다고 생각했습니다. 평생 자발성 훈련을 해야 한다고 주장한 그는 자발적이고 창조적인 삶이 생존의 핵심이라고 보았습니다. 결국, 심리극은 생존의 문제를 다루는 예술이라고 할 수 있습니다.

자발성은 단순히 충동적이거나 우발적인 행동이 아닙니다. 열린 마음, 새로운 접근, 주도적이고 주체적인 의지 및 행동이 자발성의 본질입니다.

예를 들어, 재즈 음악가의 즉흥 연주, 어린아이와 노는 부모, 시인의 영감, 어린이들의 자유로운 그림 그리기, 연인들의 열정적인 키스, 즉흥적인 설교 등이 자발성의 사례입니다. 이는 습관적이거나 자동적인 행동이 아닌 신선하고 새로운 상호작용입니다.

반면에 '로봇증'이라는 개념은 기계적이거나 습관적, 고정적이며 무의미한 행동을 일컫습니다. 여러분은 혹시 로봇처럼 틀에 박힌 생활을 하고 있지 않은가요?

◆ **심리극: 마음을 요리하는 예술**

심리극의 자발성은 건강한 삶을 유지하는 핵심적이고 필수적인 요소입니다. 우리는 매 순간 자발성을 발휘하며 살아가는 것이 중요합니다. 자발성 훈련은 우리의 잠재력을 계발할 기회를 제공합니다. 자발성은 자유롭고 주체적인 태도에서 비롯되며, 이는 창조성을 실현하는 데 필수적입니다.

'심리극, 나는 오늘도 마음을 요리합니다'라는 제목은 심리극을 요리 과정에 비유한 것입니다. 심리극(사이코드라마, Psychodrama)은 인간의 감정, 생각, 행동을 극으로 표현하며, 내면의 갈등을 표출하고 해결하는 과정을 돕습니다.

심리극에서 '마음을 요리한다'라는 것은 마음속 감정과 생각, 경험을 재료로 삼아 조합하고 다듬어 새로운 통찰과 치유를 만들어 낸다는 의미입니다.

요리사가 다양한 재료로 맛있는 음식을 만들듯, 심리극 참가자는 자신의 다양한 내면 요소를 탐구하고 통합하여 정서적 건강을 증진시킵니다. 이 과정에서 연출자는 요리사 역할을, 보조자아는 조리사 역할을 맡습니다.

심리극은 단순한 감정 표현을 넘어서 체계적이고 창조적으로 자신의 마음을 탐색하고 치유하는 과정인 것입니다. 이를 통해 참가자는 자신의 문제를 새로운 시각으로 바라보고 내면의 갈등을 해결하며, 더 나은 삶을 향해 나아갈 수 있습니다.

이 책은 모레노의 심리극과 사회극을 통해 자발성을 회복하는 방법을 제시합니다. 독자들이 심리극의 세계를 이해하고, 이를 실생활에 적용해 자발성과 창조성을 회복하는 데 도움이 되기를 바랍니다. 심리극이 치료나 치유의 목적으로만 국한되지 않고, 더 많은 사람에게 보편적이고 친밀하게 다가갈 수 있도록 이 책을 통해 마음을 새롭게 디자인해 보시길 바랍니다.

부족한 부분이 있을 수 있지만, 독자들의 피드백과 격려를 통해 더욱 발전할 수 있기를 기대합니다. 독자들과의 소통을 통해 심리극이 한국에서 더 널리 활용되고, 많은 이들이 자발성과 창조성을 회복하는 데 도움이 되기를 바랍니다.

서울에서, 박우진

목차

프롤로그 심리극, 마음을 요리하는 예술

|1장| 심리극의 오해와 진실

- 심리극에 대본과 각본이 있다? ········· 18
- 조명과 무대가 완벽하게 준비되어야 한다? ········· 20
- 심리극은 연극이다? ········· 22
- 심리극은 심리상담의 일종이다? ········· 24
- 심리극은 치료적인 기법으로 개발되었다? ········· 25
- 심리극은 만병통치약이다? ········· 27
- 정신과적으로 문제 있는 사람만 심리극을 받는다? ········· 30
- 심리극은 기법과 기술만으로 충분하다? ········· 32
- 정신과 의사만이 심리극을 연출할 수 있다? ········· 34
- 심리극은 정신분석에 기반하고 있다? ········· 36

|2장| 심리극의 정신과 철학

- 심리극이란? ········· 40
- 심리극의 정신과 철학 ········· 46

| 3장 | 심리극의 주요 이론

- 자발성과 창조성: 새로운 삶의 연출 ······ 54
- 문화 보존성: 즉흥의 힘 ······ 59
- 역할이론: 자아와 사회를 잇는 심리적 다리 ······ 61
- 잉여현실: 숨겨진 감정을 드러내는 마법 ······ 64
- 텔레: 사람 사이의 끌림과 반발을 이해하다 ······ 70
- 사회측정학: 집단 속의 나 ······ 74

| 4장 | 심리극의 구성요소

- 주인공: 무대 위의 나의 이야기 ······ 82
- 연출자: 감정의 무대를 설계하다 ······ 84
- 보조자아: 주인공을 돕는 그림자 ······ 87
- 관객: 무대 밖의 공감 ······ 90
- 무대: 내면을 펼치는 공간 ······ 93

| 5장 | 몰입을 이끄는 워밍업

- 워밍업의 원칙 ······ 100
- 워밍업의 특성 ······ 105

|6장| 심리극, 역할극, 사회극, 연극치료의 유사점과 차이점

- 심리극: 내면의 무대에서 감정을 탐구하다 ······ 110
- 역할극: 역할을 통한 현실 연습 ······ 111
- 사회극: 사회의 거울, 집단의 변화 ······ 112
- 연극치료: 연극을 통한 심리적 치유 ······ 113
- 표1. 심리극, 역할극, 사회극, 연극치료 비교 ······ 114

|7장| 심리극: 마음의 무대에서 펼쳐지는 진실

- 심리극의 정의: 마음의 극장, 자아의 확장 ······ 118
- 심리극의 특징: 감정의 탐구와 성장의 무대 ······ 120
- 심리극의 진행 과정: 마음을 열고, 표현하고, 나누다 ······ 122

|8장| 사회극: 사회적 이슈를 무대 위에 올리다

- 사회극의 정의: 공유된 주제를 통한 집단적 탐구 ······ 128
- 사회극의 특징: 사회적 갈등을 무대 위에서 해결하다 ······ 130
- 사회극의 진행 과정: 사회적 이슈를 탐구하는 다섯 단계 ······ 132

| 9장 | 성서극: 신앙과 삶을
연극으로 재연하다

- 성서극의 정의: 성서 속 이야기의 재연 ⋯⋯⋯ 136
- 성서극의 특징: 신앙과 인간 경험의 연결 ⋯⋯⋯ 138
- 성서극의 진행 과정: 신앙의 이야기를 재연하는 여정 ⋯⋯⋯ 140

| 10장 | 심리극의 주요 기법

- 빈 의자 기법: 빈 의자를 통해 마음의 이야기를 나누다 ⋯⋯⋯ 144
- 역할 바꾸기 기법: 상대방의 입장에서 나를 바라보는 법 ⋯⋯⋯ 149
- 마술 가게: 마음을 주고받는 무형의 가게에서의 마음 나누기 ⋯⋯⋯ 153
- 이중 자아 기법: 나의 또 다른 분신을 통해 속마음 표현하기 ⋯⋯⋯ 156
- 역할 연기: 다양한 역할을 통해 각자의 입장 체험하기 ⋯⋯⋯ 160
- 미래 투사 기법: 미래의 상황을 미리 경험하며 준비하기 ⋯⋯⋯ 162
- 거울 기법: 자신을 객관적으로 바라보기 ⋯⋯⋯ 164
- 무생물 기법: 무생물을 통해 나를 표현하는 독특한 방법 ⋯⋯⋯ 167
- 비언어적 기법: 말보다 강한 몸짓과 소리로 마음을 표현하기 ⋯⋯⋯ 171
- **표2. 심리극의 주요 기법 핵심 정리** ⋯⋯⋯ 173

에필로그 마음의 자유를 찾는 여정

1장

심리극의
오해와 진실

심리극에
대본과 각본이 있다?

나는 심리극 진행자로서 SBS 〈우리 아이가 달라졌어요〉, MBC 〈생방송 오늘 아침〉 등에 출연한 경험이 있습니다. 방송에서 심리극을 다룬 장면들은 대개 극적인 순간을 강조하기 위해 짧게 편집됩니다.

실제 심리극은 긴 시간에 걸쳐 진행되지만, 방송에서는 단 1분 내외로 요약되기 때문에 시청자들은 "어떻게 저렇게 짧은

시간 내에 감정을 표출할 수 있을까?"라는 의문을 가지게 됩니다. 이는 심리극의 과정이 잘못 이해되는 대표적인 사례입니다. 심리극은 즉흥적이고 자연스러운 감정의 흐름이 중요하며 대본에 따라 연기하는 것이 아닙니다. 연출자는 주인공과의 인터뷰를 통해 점진적으로 심리극의 장면을 만들어 가며, 보조자아의 등장과 감정 표현을 차근차근 이끌어 냅니다.

    심리극에서 가장 중요한 요소는 즉흥성입니다. '지금 여기(Here & Now)'에서 느껴지는 감정이 핵심이며, 이 감정이 자발성으로 표현되는 과정이 심리극의 진정한 의미를 담고 있습니다. 따라서 진정한 심리극은 대본과 각본 없이 참가자들의 자연스러운 반응에 의해 진행됩니다. TV 프로그램에서 짧게 편집된 장면만을 보고 심리극이 대본에 따라 진행된다고 생각하는 것은 큰 오해입니다. 심리극은 감정의 흐름에 충실한 진정한 즉흥 연기입니다.

조명과 무대가
완벽하게 준비되어야 한다?

한국에서 최초로 심리극이 열린 곳은 국립정신병원(현 국립정신건강센터)으로, 당시 정신과 의사가 연출을 맡아 진행했습니다. 이때 심리극은 멋진 조명과 무대, 그리고 치료적인 분위기를 연출하려는 시도가 있었습니다. 하지만 이런 설정은 오히려 심리극의 본질을 흐릴 수 있는 요소로 작용할 수도 있습니다. 조명과 무대가 완벽히 준비되어야 한다는 오해는 아마도 이러한 초기 시도에서 비롯된 것 같습니다.

사실 심리극이 진행되기 위해 필요한 것은 특별한 조명이나 무대가 아닙니다. 중요한 것은 주인공이 자신의 감정을 자유롭게 표현할 수 있는 안전하고 신뢰할 수 있는 공간입니다. 심리극의 성공은 연출자의 능력과 전문성, 그리고 주인공에게 깊은 신뢰를 주는 심리극 정신에 달려 있습니다.

　무대와 조명이 있으면 분위기를 더할 수 있지만, 그것들이 필수적인 요소는 아닙니다. 오히려 그러한 외부 요소에 의존하는 것은 연출자의 진정한 실력을 가리지 않도록 주의해야 할 부분입니다. 심리극은 기본적으로 인간의 내면을 탐구하고 표현하는 과정이기 때문에 간단한 공간에서도 충분히 효과적으로 진행될 수 있습니다.

심리극은 연극이다?

 연극은 대본이 있는 시나리오에 따라 배우들이 연기하는 예술 형식입니다. 반면, 심리극은 연극적인 방법을 활용하지만, 연극 그 자체는 아닙니다. 심리극은 대본이 없는 즉흥극으로 참가자들이 현재의 감정과 상황에 따라 자연스럽게 연기하며, 그 과정에서 진정한 자아와 내면의 감정을 탐구합니다. 만약 심리극을 구조화하고 대본화한다면 심리극의 본질적인 철학과 의미는 왜곡될 것입니다. 심리극은 단순히 인간의 감정을 표현하는 것에 그치지 않고 참여자의 영혼과 역할을 넓히고 확장하는 깊은 과정을 포함합니다. 심리극은 도구화되거나 기법화되는 것을 경계해야 하며, 마치 어린아이들이 천진난만하게 자신을 자유롭게 표현하는 것처럼 자연스럽고 즉흥적으로 이루어져야 합니다.

 심리극을 영어로 표현하면 '사이코드라마(Psychodrama)'가 되지만, '사이코'라는 단어가 주는 특유의 어감 때문에 많은 이들이 '심리극'이라는 표현을 선호하는 경향이 있습니다. 종종 대면 상담의 한계 때문에 심리극을 배우러 오는 사람들을 볼 수 있습니다. 이들은 머리로는 문제를 이해하고 해결했다고 여기지만, 실제로 몸과 마음이 온전히 변화하는 것은 쉽지 않다고 느낍니다. 심리극은 이런 이들이 쉽게 드러내지 못하고 섣불리 표출할 수 없었던 감정과 마음을 구체적인 행동으로 표현하게 도와줍니다. 일상에서 우리는 반복되는 언어와 행동 패턴에 익숙해지지만, 그 이전에 감춰진 몸짓과 행동이 있다는 것을 인지하지 못할 때가 많습니다. 심리극은 이 숨겨진 감정과 행동을 자연스럽게 표출하도록 돕습니다.

심리극에서는 '역할 연기'라는 용어를 사용합니다. 여기서 '연기'란 말에 대한 선입견이 있을 수 있지만, 심리극에서의 연기란 배우들이 대본에 따라 완벽하게 연기하는 것과는 다릅니다. 심리극의 연기는 대본이 없는 즉흥극으로, 틀리거나 맞는 것이 중요하지 않습니다. 중요한 것은 진심을 다해 공감하고 적절하게 표현하는 것입니다. 연출자와 보조자아가 자주 실수를 하더라도 그것이 심리극의 과정에서는 문제가 되지 않습니다. 오히려 이러한 실수가 참가자들 간의 웃음과 피드백을 유도하며 심리극의 즐거움이 됩니다. 대본에 따라 연출되는 연기에서는 틀리거나 잘못한 경우 비난을 받을 수 있지만, 심리극에서의 역할 연기는 진실성과 진심이 살아 있는 한 틀리거나 잘못한 것이 전혀 문제가 되지 않습니다.

심리극은
심리상담의 일종이다?

심리극이 심리상담의 한 분야로 여겨질 수 있지만, 나는 그렇게 생각하지 않습니다. 이 주장은 논쟁의 여지가 있으며 실제로 일부 심리학 전공자들이 인지행동치료를 바탕으로 심리극을 연출하는 경우가 있습니다. 한국에도 이러한 접근을 지지하는 심리상담 학회가 존재하며, 이 학회에서는 심리극을 기법과 기술로 보는 경향이 있습니다. 그러나 심리극은 단순히 인간의 마음을 다루는 것을 넘어, 영혼과 정신의 확장을 목표로 하는 철학적 깊이가 있는 활동입니다. 자발성과 즉흥성은 상담의 틀을 뛰어넘으며, 심리극의 본질은 단순한 치료적 기법 이상의 의미를 지닙니다. 심리극이 다양한 심리학 이론에 스며들고 융합되는 특성 덕분에 여러 유형의 심리극이 존재하는 것은 사실입니다. 그러나 심리극의 본질은 그 자체로 초월적인 인간 경험을 탐구하는 데 있습니다.

심리극은 치료적인 기법으로 개발되었다?

심리극이 한국에 처음 도입되었을 때 주로 정신과 의사들에 의해 치료적 목적으로 활용되었습니다. 당시 심리극 연출자는 무대 위에서 장면을 설정할 때 보조자아 역할을 연극인이나 개그맨에게 맡기며 연극과 같은 연출 방식을 채택했습니다. 이러한 초기 접근은 심리극이 마치 대본에 따른 연극처럼 인식되게 만들었으며, 심리극이 치료적 기법으로 개발되었다는 오해를 불러일으켰습니다. 심리극의 핵심은 자발성과 즉흥성인데, 당시 연출자들은 이러한 본질을 살리지 못하고 단지 관찰자의 역할에 머무는 경우가 많았습니다.

외국의 심리극 진행 방식을 보면 한국과는 달리 연극인이나 개그맨을 보조자아로 활용하는 경우는 거의 없습니다. 그러나 한국에서는 심리극이 연극처럼 구조화되어 진행되는 경우가 많습니다.

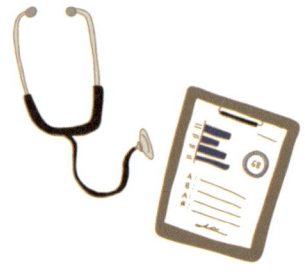

　일부 정신과 의사들은 환자의 정보를 미리 대본화하여 심리극을 진행하기도 했습니다. 이러한 접근 때문에 심리극은 치료나 치유, 문제 해결의 도구로만 인식되었고, 많은 사람은 심리극이 인간의 자발성을 회복시키고 창조적인 존재로 살게 하는 데 중점을 둔다는 것을 알지 못했습니다.

　심리극이 처음 도입되었을 때 주로 정신과 환자의 치료 목적으로 활용되었기 때문에 많은 사람들은 심리극을 심리적 문제가 있는 사람들에게만 필요한 치료법으로 오해하고 있습니다. 이런 이유로 "나는 아프지도 않은데 왜 심리극을 받아야 하지?"라는 반응을 보이는 경우도 흔합니다. 그러나 심리극은 건강한 사람들을 위한 스트레스 관리, 위기 대처, 자기 성장 등의 목적으로도 매우 유용하며, 자기 계발과 성찰의 도구로 사용될 수 있습니다. 따라서 심리극이 단순한 치료적 도구가 아닌, 누구나 자신의 삶을 더욱 풍부하게 만들기 위해 활용할 수 있는 자기 성장의 방법으로 인식되는 것이 필요합니다.

심리극은
만병통치약이다?

　심리극이 개인의 인생에도 지대한 영향을 미친 것은 사실이지만, 심리극이 모든 문제를 해결할 수 있는 만병통치약은 아닙니다. 심리극은 매우 효과적인 도구이지만, 내담자의 상황과 맥락에 맞는 다양한 이론과 방법들이 존재하며 그에 맞는 적절한 개입이 필요합니다. 심리극처럼 짧은 시간 내에 큰 효과를 볼 수 있는 이론은 드물지만, 모든 경우에 적용될 수 있는 것은 아닙니다. 심리극의 세션은 최소 30분에서 최대 3시간 정도 소요되며 그 효과는 한 장면 드라마부터 풀 드라마까지 다양하게 나타날 수 있습니다.

　특히, 한 장면 드라마는 주인공의 핵심 이슈를 한 장면으로 표현해 감정 정화와 문제 해결을 도모하는 30분 이내의 짧은 드라마입니다. 이 방식은 시간과 여건이 제한된 상황에서 심리극을 효과적으로 활용할 수 있는 좋은 방법입니다.

인생에서 한 번쯤은 온전히 자신의 감정을 드러내고 표현할 시간이 필요하다고 생각합니다. 심리극이 깊이 있는 감정의 탐구와 해결을 돕는 도구로 이해되지만, 이는 전체적인 심리극의 일부일 뿐입니다. 심리극은 자기 이해와 감정 탐구를 위한 하나의 도구이며 상황과 맥락을 충분히 고려해 사용해야 합니다. 그럼에도 불구하고 심리극은 사람과 상황에 맞춰 잘 적용하면 유용한 변화를 이끌어 낼 수 있는 강력한 도구임은 분명합니다.

정신과적으로 문제 있는 사람만 심리극을 받는다?

　심리극, 또는 사이코드라마는 정신과적 문제를 가진 사람들만을 위한 것이 아니라, 누구나 자신의 성장과 자발성을 높이기 위해 참여할 수 있는 유용한 기법입니다. '사이코드라마'라는 용어가 오해와 편견을 불러일으킬 수 있지만, 심리극은 단순한 치료적 도구를 넘어선 더 넓은 의미를 지니고 있습니다. 이는 일반인들이 자기 성장, 통찰, 그리고 카타르시스를 경험할 수 있도록 돕는 강력한 방법입니다. 심리극은 개인의 자발성을 증진시키고 다양한 상황에서 보다 나은 자기 이해와 해결책을 찾는 데 유용할 수 있습니다.
　따라서 심리극은 정신과적 문제가 있는 사람들뿐만 아니라, 일상에서 자신의 감정을 더 잘 이해하고 표현하고자 하는 모든 사람에게 유익할 수 있습니다. 심리극을 통해 많은 사람이 정신적·정서적 성장을 이룰 수 있는 기회를 얻을 수 있으며, 이는 그들의 삶을 더욱 풍요롭게 만드는 데 기여할 것입니다. 심리극이 문제 해결에 초점을 맞추기보다는 자기 성장과 자아 탐구를 돕는 도구로 널리 이해되고 활용되기를 바랍니다.

심리극은 기법과 기술만으로 충분하다?

심리극은 단순히 기법과 기술만을 익히는 것 이상의 의미를 지니고 있습니다. 물론 기법과 기술에 대한 이해는 심리극을 효과적으로 활용하는 데 필수적이지만, 진정한 심리극의 가치를 발휘하기 위해서는 그 깊은 의미와 정신을 이해하는 것이 중요합니다. 기법과 기술만으로 심리극을 이끌 수 있다고 생각하는 사람은 쉽게 지치고 실망할 수 있습니다. 심리극의 본질을 이해하고 그 철학을 깊이 깨달으면 더욱 효과적이고 의미 있는 심리극을 연출할 수 있습니다.

심리극의 기법과 기술은 다른 학문과 융합되기에도 매우 적합합니다. 예를 들어, 정신분석적 심리극은 정신분석의 원리와 심리극 기법을 결합해 참가자가 무의식적인 동기와 갈등을 탐색하도록 돕습니다. 이 접근법은 극적인 연기를 통해 참가자에게 더 깊은 통찰력과 정서적 해방을 제공합니다. 융의 심리극은 칼 융의 이론을 바탕으로 원형, 집단 무의식, 개성화 같은 개념을 심리극에 통합해 참가자가 자기 내면세계를 탐구하고 보편적인 상징 및 주제와 연결되도록 돕습니다. 이러한 접근 방식은 심리극의 효과를 극대화하고 참가자에게 더 풍부한 자기 발견과 통합의 경험을 제공합니다.

정신과 의사만이
심리극을 연출할 수 있다?

심리극은 다양한 배경을 가진 사람들이 연출할 수 있는 다양한 기법입니다. 일부 사람들은 정신과 의사만이 심리극을 연출할 수 있다고 생각하지만, 실제로는 여러 분야의 전문가들이 심리극을 효과적으로 활용하고 있습니다. 한국에 심리극이 처음 도입될 당시, 정신과 의사들이 주도적으로 이끌었기 때문에 이러한 오해가 생긴 것으로 보입니다.

그러나 심리극은 정신과 의사뿐만 아니라, 사회복지사, 간호사, 교사, 심리학자 등 다양한 분야의 전문가들이 연출할 수 있습니다. 이들은 각자의 전문성을 바탕으로 심리극을 통해 참가자들에게 자기 성장, 통찰, 카타르시스 등을 제공할 수 있습니다. 중요한 것은 심리극을 연출하려는 사람이 충분한 교육과 훈련을 받고, 참가자들의 안전과 효과적인 경험을 보장할 수 있는 전문성을 갖추는 것입니다.

정신과 전공의들이 충분한 교육과 훈련 없이 심리극을 연출하려 한다면 문제가 발생할 수 있습니다. 심리극은 그만큼 전문적인 지식과 철저한 준비가 필요합니다. 따라서 심리극을 연출하고자 하는 사람들은 관련 교육과 훈련을 받고, 다양한 배경을 가진 전문가들과 협력해, 보다 효과적이고 안전한 심리극을 제공할 수 있도록 노력해야 합니다. 이를 통해 심리극이 더 널리 활용되고 많은 사람에게 도움이 되는 기법으로 자리 잡을 수 있을 것입니다.

심리극은
정신분석에 기반하고 있다?

모레노의 심리극은 정신분석에 기반하고 있지 않습니다. 오히려 모레노는 프로이트의 접근 방식을 넘어서는 것을 목표로 했습니다. 모레노는 프로이트와의 만남에서 이렇게 말했습니다.

> "나는 프로이트 박사를 우연히 만났다. 프로이트 박사님. 나는 당신이 끝낸 곳에서 시작하려 합니다. 당신은 당신의 사람들을 당신의 인위적 사무실에서 만나지만, 나는 거리에서, 그들의 집에서, 그들의 자연스러운 환경에서 만나려 합니다. 당신은 그들의 꿈을 분석하지만, 나는 그들에게 다시 꿈을 주려고 합니다."

이 말은 모레노의 접근 방식이 프로이트의 방식과 어떻게 다른지를 명확하게 보여줍니다. 프로이트는 주로 무의식과 과거의 트라우마를 분석하는 데 집중했지만, 모레노는 행동과 경험, 그리고 현재의 문제 해결에 중점을 두었습니다. 모레노는 사람들을 그들의 자연스러운 환경에서 만나고 그들에게 새로운 꿈을 주고자 했습니다. 이는 과거의 경험을 분석하는 것보다는 현재의 경험을 통해 직접적인 변화를 추구하는 방법입니다.

모레노는 정신분석에 대해 비판적이었으며 그의 접근 방식은 보다 실용적이고 현재 지향적입니다. 심리극은 자발성과 창조성을 통해 문제를 해결하고 자기 성장을 이루는 데 중점을 둡니다.

모레노의 심리극은 정신분석과는 다른 길을 걸었으며, 이는 그가 프로이트와의 만남에서 밝힌 바와 같이 그의 철학과 방법론에서 분명하게 드러납니다.

2장

심리극의
정신과 철학

심리극이란?

 심리극(Psychodrama)은 1921년 제이콥 레비 모레노(Jacob Levy Moreno)에 의해 창안된 심리 치료 기법입니다. 심리극은 개인의 감정, 정서적 갈등, 문제, 소망, 꿈 등 개인적이거나 집단적인 주제를 말로 설명하는 대신, 무대 위에서 다양한 역할과 감정을 즉흥적으로 표현하며 행동화하는 방식입니다. 이를 통해 개인과 집단의 심리적 차원을 깊이 탐색하고 문제 해결을 돕는 데 목적이 있습니다.

 모레노는 심리극을 '극적 방법을 통해 진실을 탐구하는 방법'으로 정의했습니다. 심리극은 일상 속에서 쉽게 드러나지 않는 심리적 사건들을 행위로 표현하게 해서 참가자들이 새로운 진실을 발견하도록 돕습니다. 이를 통해 인간 경험을 더 현실적이고 감정적으로 탐구하고자 했던 것입니다.

 심리극은 표현되지 않은 감정과 생각을 탐구하여 참가자들이 자기 내면 깊숙한 곳에 자리한 감정과 갈등을 표출하고 이해하도록 합니다. 참가자들은 자신의 역할을 연기하면서 실제 상황을 재연하며, 이는 그들이 경험한 사건이나 갈등을 생생하게 재경험하게 합니다. 이를 통해 감정 정화와 치유를 촉진합니다.

◆ 심리극의 목적과 기능

1) 내면의 목소리 표현: 심리극은 참가자들이 평소에 말하지 못했던 내면의 목소리를 자유롭게 표현할 수 있게 합니다. 이를 통해 자신을 더 깊이 이해하고 내면의 갈등을 해결하는 데 도움을 줍니다.

2) 과거와의 재회: 심리극은 현재 여기에 없는 사람들과의 만남을 재연할 수 있게 합니다. 이는 과거의 중요한 인물들과의 대화를 통해 해결되지 않은 감정이나 갈등을 풀어낼 수 있습니다.

3) 미래의 가능성 탐색: 심리극은 참가자들이 미래의 가능성을 그려보고 다양한 장면을 상상하도록 돕습니다. 이는 미래에 대한 불안을 해소하고, 긍정적인 가능성을 모색하는 데 유익합니다.

4) 자기 이해와 감정적 연결: 참가자들은 자신의 경험을 실제로 재연해 봄으로써 자기 자신을 더 현실적이고 구체적으로 탐구할 수 있습니다. 이는 자신에 대한 더 깊은 이해와 감정적 연결을 가능하게 합니다.

◆ 심리극의 핵심 특성

심리극은 일상생활에서 쉽게 접할 수 없는 다양한 창조적 표현을 경험하게 합니다. 이는 참가자들이 더 창조적이고 자발적인 삶을 살도록 돕습니다.

1) 자발성 촉진: 심리극은 규칙과 관습에 얽매이지 않고 자유롭게 감정을 표현하며 새로운 방식으로 상황에 반응할 수 있는 기회를 제공합니다.

2) 창조성 계발: 심리극을 통해 문제를 새로운 시각으로 바라보고 다양한 해결책을 탐구하며, 독창적인 아이디어를 발현할 수 있습니다.

3) 현실의 벽 넘기: 심리극은 일상의 제약을 벗어나 다른 사람의 역할을 연기하거나 상상의 상황에 몰입하게 해서 현실에서는 쉽게 접근하기 어려운 문제나 갈등을 새로운 방식으로 직면하고 해결할 수 있도록 합니다.

4) 내면의 진실 드러내기: 심리극의 다양한 역할과 상황을 통해 자신의 깊은 감정, 소망, 두려움 등을 탐구하고 평소에 의식하지 못했던 내면의 진실을 발견하게 합니다.

5) 정신세계의 확장: 심리극은 자기 내면을 더 깊이 이해하고 다양한 관점과 감정을 경험하며, 정신적 성장을 이룰 수 있는 기회를 제공합니다.

◆ 심리극의 다차원적 표현 방식

심리극에서는 다양한 표현 방식을 통해 참가자들이 더 깊은 심리적 경험을 할 수 있도록 돕습니다.

1) 연극적 요소: 참가자들이 자신의 이야기를 드라마틱하게 표현함으로써 문제를 새로운 시각에서 바라보게 합니다.

2) 유머와 놀이: 심리극 속의 유머와 놀이 요소는 긴장을 완화하고, 참가자들이 더 편안하게 자신의 감정을 탐색하도록 합니다.

3) 의식과 의례: 특정 의식이나 의례는 참가자들이 자신을 더 깊이 이해할 수 있는 기회를 제공합니다.

4) 신체적 표현과 음악: 춤과 신체적 표현, 음악은 참가자들이 비언어적으로 감정을 표현하고 신체와 마음의 연결을 강화하는 데 중요한 역할을 합니다.

5) 다양한 역할 연기: 참가자들은 다양한 역할을 연기함으로써 자신과 타인의 입장을 이해하고, 자신의 자아를 확장하며 더 풍부한 인간 경험을 할 수 있게 됩니다.

심리극은 단순한 연기나 놀이를 넘어, 우리 자신을 더 깊이 이해하고 더 창조적이고 자발적인 삶을 살아가는 데 중요한 도구가 됩니다. 이 과정을 통해 개인은 자신의 내면을 탐구하고 갈등을 해결하며, 궁극적으로 더 풍부하고 의미 있는 삶을 살 수 있게 됩니다.

심리극의 정신과 철학

 심리극(Psychodrama)과 사회극(Sociodrama)의 창시자인 제이콥 레비 모레노(Jacob Levy Moreno)가 이 기법들을 만든 이유는 단순히 새로운 심리치료 방법을 개발하기 위해서가 아닙니다. 이들 기법에는 더 깊은 정신과 철학이 담겨 있습니다. 즉 심리극과 사회극은 인간과 사회의 근본적인 변화를 추구하는 강력한 도구인 것입니다.

◆ 개인과 사회의 혁명

　모레노에게 심리극은 단순한 치료 기법이 아니라 개인의 혁명과 변화를 위한 도구였습니다. 심리극은 개인이 자신의 내면을 탐색하고 감정과 갈등을 자유롭게 표현함으로써 삶의 방향을 새롭게 설정할 수 있도록 합니다. 사회극은 사회의 혁명과 변혁을 목표로 합니다. 사회극을 통해 사회 구조나 집단 내의 갈등을 연극적으로 표현하고 해결 방안을 모색함으로써 사회적 변화와 발전을 추구했습니다.

　모레노는 자발성(Spontaneity)과 창조성(Creativity)이 인간의 생존에 필수적인 요소라고 믿었습니다. 물과 산소 없이는 인간이 살아갈 수 없듯이 자발성과 창조성 없이는 삶의 의미가 퇴색된다고 여겼습니다. 따라서 심리극과 사회극은 자발성을 회복하고 창조성을 발휘하는 훈련장으로써의 역할을 합니다. 인간이 자발적이고 창조적으로 삶을 살아갈 때 비로소 진정한 생존과 번영이 가능하다는 것이 모레노의 철학인 것입니다.

◆ 자발성과 창조성의 발견

　모레노는 1921년 공원에서 아이들이 천진난만하게 노는 모습을 보고 자발성의 개념에 착안했습니다. 아이들이 사회적 규범에 얽매이지 않고 순간을 자유롭게 즐기는 모습에서 모레노는 자발성과 창조성의 힘을 발견했고, 이를 바탕으로 심리극과 사회극을 창안하게 되었습니다.

◆ **심리극과 사회극의 철학적 원칙**

모레노의 심리극과 사회극은 몇 가지 중요한 철학적 원칙에 기초하고 있습니다. 이 원칙들은 심리극과 사회극이 단순한 연극적 표현을 넘어, 깊은 정신적 변화를 일으키는 도구가 되도록 만듭니다.

1) 자발성과 창조성: 심리극에서 참가자들은 즉흥적으로 자신의 감정과 생각을 표현하게 됩니다. 이는 일상에서 표현되지 않은 감정을 자유롭게 표출할 수 있도록 합니다.

2) 역할 바꾸기(Role Reversal): 심리극에서는 참가자가 다른 사람의 역할을 연기하면서 그 사람의 입장을 깊이 이해하고 공감하는 능력을 키우게 됩니다. 이는 인간관계를 개선하고 갈등을 해결하는 데 중요한 역할을 합니다.

3) 지금 여기(Here & Now): 심리극은 현재의 경험과 감정에 집중하며, 과거의 사건이 현재에 미치는 영향을 탐구하고 현재의 문제를 해결하는 데 중점을 둡니다. 이를 통해 참가자는 자신의 문제를 더 명확하게 이해할 수 있습니다.

4) 집단 과정(Group Process): 심리극은 집단 내에서 진행되며 참가자들은 서로의 경험을 공유하고 지지받는 안전한 환경에

서 심리적 탐색을 할 수 있습니다. 이는 집단 내에서의 신뢰와 유대감을 강화합니다.

5) 행위 중심(Action-Oriented): 심리극은 대화에만 의존하지 않고, 실제로 상황을 연기하며 감정을 표현하고 새로운 인식을 얻는 데 중점을 둡니다. 이는 참가자들이 자신의 문제를 더 깊이 이해하고 해결책을 모색하는 데 큰 도움을 줍니다.

6) 치료적 카타르시스: 심리극은 내면의 갈등을 외부로 표출하여 감정 정화를 경험하게 합니다. 이를 통해 참가자는 그간 표현하지 못한 감정을 해소하고, 정신적인 치유를 경험할 수 있습니다.

◆ 삶의 창조적 접근

 심리극은 단순한 기법과 기술에 그치지 않고, 인간의 자발성과 창조성을 회복하고 강화하는 데 중점을 둡니다. 모레노의 심리극은 인간이 자발성과 창조성을 통해 삶을 창조적으로 살아가야 한다는 메시지를 전달하며, 이는 개인과 사회가 더 나은 방향으로 나아가는 데 중요한 역할을 합니다.

 결론적으로 깊은 정신과 철학을 담고 있는 모레노의 심리극과 사회극은 현대 사회에서도 유효하며, 이러한 모레노의 철학이 사회 전반에 많이 소개되고 다양한 분야에서 적용될 수 있기를 기대합니다.

3장

심리극의 주요 이론

자발성과 창조성: 새로운 삶의 연출

심리극은 삶을 끝없는 자발성 훈련의 연속으로 간주합니다. 심리극의 창시자 제이콥 레비 모레노는 자발성과 창조성이라는 개념을 강조하며, 자발성을 '낡은 상황에 대한 새로운 반응, 또는 새로운 상황에 대한 적절한 반응'이라고 정의했습니다. 자발성과 창조성은 열린 마음, 신선한 접근, 주도적인 의지, 외적 현실과 내적 직관, 감정, 이성적 기능 등을 포함하는 복합적인 개념입니다.

인간은 본래 자발성과 창조성을 지닌 존재로 태어났지만, 어릴 적부터 '남자답게 행동해라, 어른답게 행동해라, 남자는 세 번 울어야 한다' 등의 규범에 의해 자발성과 창

조성이 제한된 상황에서 자랍니다. 이러한 사회적 압박은 우리가 천진난만하게 자신을 표현하며 자유롭게 행동하는 것을 어렵게 만듭니다. 그러나 진정한 주체적 삶을 살아가기 위해서는 끊임없이 자발성을 발휘해야 합니다. 이는 다른 사람의 반응이나 통제에 흔들리지 않고, 스스로의 삶을 주도적으로 이끌어가는 힘을 의미합니다.

  모레노는 인간이 자발성을 가진 존재로서 훈련되고, 창조성을 가진 존재로서 살아야 한다고 보았습니다. 그는 우리가 구태의연하고 틀에 얽매인 삶에서 벗어나기 위해서는 자발성 훈련이 필요하다고 주장했습니다. 심리극이 탄생한 배경에는 바로 이러한 자발성과 창조적인 삶을 살기 위한 필요성이 있었습니다. 심리극의 치료적인 효과는 자발성 훈련의 결과로 얻어지는 부수적인 혜택이라 할 수 있습니다.

  우리는 모두 자발적이고 창조적인 존재로 태어났으며, 이런 자세와 태도로 삶을 살아가야 합니다. 심리극에서는 참가자가 일상에서 하지 못했던 행위나 역할을 시도하게 됩니다. 이는 타인의 시선이나 사회적 규범에 얽매이지 않고, 오로지 자신에게 집중하며 자유롭게 표현할 수 있는 기회를 제공합니다. 그래서 나는 심리극이 지나치게 무겁고 심각한 것만이 아니라, 단순한 역할 연기를 통해 재미와 웃음을 자아낼 수 있는 활동으로 대중에게 다가가기를 바라는 마음에서 이 책을 쓰게 되었습니다. 각

자가 자신의 세상에서 표현하지 못했던 말, 태도, 행동을 심리극에서 시도하는 것, 그것이 바로 심리극의 시작입니다.

◆ 자발성 훈련의 실제 예시

자발성을 높이고 감정 표현을 자연스럽게 할 수 있는 방법 중 하나는 역할극입니다. 예를 들어, 두 사람이 서로 마주 보고 가운데에 천을 둡니다. 각자의 천 끝을 잡게 한 후 연출자는 한 사람에게는 '갑'의 역할, 다른 사람에게는 '을'의 역할을 부여합니다. 갑에게는 잔소리가 많고 권위적인 엄마의 역할을, 을에게는 공부는 싫어하고 게임만 좋아하는 남자아이의 역할을 맡깁니다.

갑 역할의 엄마는 천을 잡아당기면서 "너는 왜 항상 엄마 말을 안 듣고 공부도 안 하니? 엄마가 너무 힘들어."라고 말할 수 있습니다. 이에 을 역할의 아이는 "엄마, 나도 힘들어. 나는 공

부보다는 게임이 좋아. 나중에 게임 개발자가 되고 싶어."라고 속마음을 이야기합니다. 이렇게 서로의 입장에서 말을 주고받다가 역할 바꾸기를 통해 각자의 역할을 반대로 연기합니다. 아이가 엄마의 역할을, 엄마가 아이의 역할을 맡아 연기하면서 서로의 입장을 더 깊이 이해하게 됩니다.

다양한 역할극을 통해 사람들은 자신이 맡은 역할에 몰입하게 되며 그 역할의 입장에서 이야기를 나누게 됩니다. 이 과정에서 우리는 상대방의 입장을 이해하고 공감하는 능력을 키울 수 있습니다. 이는 자발성과 창조성을 훈련하며 심리극이 제공하는 깊이 있는 심리적 경험을 가능하게 합니다.

문화 보존성: 즉흥의 힘

　문화 보존성은 과거에 새롭게 창조된 것이 시간이 지나면서 가치를 잃게 되는 현상을 의미합니다. 예를 들어, 한때 혁신적이었던 286 컴퓨터는 지금은 더 이상 유용하지 않은 구식 기술로 여겨집니다. 이는 기술의 발전과 함께 새로운 것들이 등장하면서 과거의 혁신이 더 이상 유효하지 않게 되는 상황을 반영합니다.

　심리극에서도 문화 보존성의 개념이 나타납니다. 가령 심리극에서 각본이 있는 경우 우리의 행동이나 표현이 정해진 틀 안에 갇혀버립니다. 이는 그 순간의 자발성과 자연스러운 감정을 충분히 표현하지 못하게 만드는 요소가 될 수 있습니다. 정해진 대본에 따라 행동할 때 우리는 진정한 자발성을 잃고, 문화적으로 고정된 방식으로 행동하게 됩니다.

　따라서 즉흥성은 자발성을 되살리는 중요한 요소로 작용합니다. 즉흥 연기는 미리 준비된 대본 없이 순간의 감정과 상황에 따라 자유롭게 표현하는 것을 의미합니다. 이는 참가자들이 더욱 자연스럽고 진솔하게 자신을 표현할 수 있게 하며, 그로 인해 진정한 자발성과 창조성이 발휘됩니다. 심리극에서 즉흥 연기는 참가자들이 자신의 진정한 감정을 탐색하고 표현하는 중요한 수단이 되며 이를 통해 심리적 치유와 자기 이해를 도모할 수 있습니다.

역할이론:
자아와 사회를 잇는 심리적 다리

　모레노의 역할이론(Role Theory)은 심리극과 사회극의 기초가 되는 중요한 개념입니다. 모레노는 역할을 현실적이고 실용적인 형태로 정의하며, 역할은 특정 상황에서 다른 사람이나 물체와 관련된 일련의 행동 유형을 나타낸다고 보았습니다. 예를 들어, '간호사'라는 역할을 생각할 때 우리는 일반적으로 간호사가 환자의 상태를 돌보고 처치를 하며 의사를 돕는 행동을 떠올리게 됩니다. 동일한 문화권에서 누군가가 "나는 간호사입니다."라고 말하면, 그 사람은 간호사의 역할과 책임을 알고 있다고 이해할 수 있습니다.

　역할은 또한 개인의 정체성과 사회적 위치를 명확히 하는 데 중요한 역할을 합니다. 우리는 역할을 통해 자신의 행동과 반응을 특정 틀 안에서 정의하고, 이를 바탕으로 자신과 타인의 차이를 인식하게 됩니다. 역할은 사회적 상호작용을 원활하게 하며 각자가 속한 사회적 맥락에서 어떤 행동이 기대되는지를 명확히 합니다.

 예를 들어, 학생의 역할은 공부하고 수업에 참여하며 과제를 제출하는 행동을 포함합니다. 반면, 교사의 역할은 학생을 가르치고 지도하며 평가하는 행동을 포함합니다. 이러한 역할의 차이는 개인이 속한 사회적 환경에서 자신에게 기대되는 행동을 이해하게 하고 이를 통해 사회적 질서와 상호작용을 유지하게 합니다.

 또한 역할은 개인의 자아 형성에도 중요한 영향을 미칩니다. 다양한 역할을 수행하면서 우리는 자신의 능력과 한계를 인식하고 이를 바탕으로 성장하게 됩니다. 예를 들어, 부모의 역할을 수행하면서 우리는 책임감과 돌봄의 중요성을 배우고 이를 통해 더 성숙한 개인으로 성장할 수 있습니다.

 모레노의 역할이론은 이러한 역할 수행이 개인의 심리적·사회적 발전에 큰 영향을 미친다고 봅니다. 역할을 통해 우리는 자신을 이해하고 타인과의 관계를 형성하며 사회적 위치를 확인할 수 있습니다. 이를 통해 개인의 자아는 더욱 풍부해지고, 다양한 사회적 경험을 통해 성장하게 됩니다.

 모레노는 역할 수행을 세 가지 단계로 구분했습니다.

1) 역할 맡기(Role Taking): 가장 기본적이면서 경직된 역할 수행입니다. 이는 주어진 역할을 그대로 받아들이고 수행하는

단계입니다.

   2) **역할 놀이**(Role Playing): 역할 맡기에 비해 더 많은 자유와 자발성을 가지고 역할을 수행하는 단계입니다. 여기에서는 더 다양한 해석과 표현이 가능해집니다.

   3) **역할 창조**(Role Creating): 고도의 자발성과 창조성을 발휘하는 단계입니다. 여기서는 역할 수행을 넘어서 창조적으로 변형하고 새로운 방식으로 역할을 재구성합니다.

   예를 들면 전화 상담원의 경우 초기에는 단순히 전화를 받고 주어진 업무만 수행하는 역할 맡기 단계에서 시작합니다. 시간이 지나면서 다양한 고객의 요구를 고려해 아이디어를 내거나 상담 중 음악을 트는 등의 역할 놀이 단계로 발전할 수 있습니다. 나아가 역할 창조 단계에서는 상담원이 단순 상담을 넘어, 창조적인 프로젝트나 다른 업무로 확장할 수 있습니다.
   우리는 평상시에 어떤 역할을 수행할지를 이해함으로써 일 처리를 더 명확하게 할 수 있습니다. 심리극과 사회극에서 연출자는 역할을 통해 주인공이 평소와 다르게 행동하면서 새로운 행동 방식을 배우고 욕구를 충족시킬 수 있도록 돕습니다. 이로써 참가자는 자신의 역할을 자발적으로 수행하는 능력을 기르게 됩니다.

잉여현실:
숨겨진 감정을 드러내는 마법

잉여현실(Surplus Reality)은 말 그대로 사용되지 않은 채 남아 있는 현실을 의미합니다. 다시 말해, 과거나 현재에 표현되지 않은 욕망, 감정, 또는 행동을 지칭하는 개념입니다. 삶 속에서 우리는 종종 특정 상황에서 감정이나 자아를 표현하지 못하는 경우가 많습니다. 사회적 규범, 관습, 상식, 예절 등의 이유로 우리는 좋아하거나 싫어하는 감정을, 또는 후회하는 감정을 표현하기 어려운 상황에 놓이곤 합니다. 슬픔이나 분노 같은 부정적인 감정을 표현하는 것도 쉽지 않습니다.

이해하기 쉬운 예로, 한국 사회에서는 전통적으로 아버지가 자녀에게 절대적인 권위를 가지고 있어 자녀들이 아버지에게 꾸중을 들을 때 자신의 감정을 제대로 표현할 기회를 놓치는 경우가 많습니다.

이때 표현되지 못한 감정이나 상황은 잉여현실로 남게 됩니다. 예를 들어, 한 학생이 선생님에게 상처받은 감정을 직접적으로 표현하지 못하고 뒤에서만 표출했다면, 그때 선생님에게 표현했어야 할 감정과 상황이 바로 잉여현실의 장면들입니다.

잉여현실은 심리극에서 중요한 역할을 합니다. 심리극에서는 참가자들이 실제로 표현하지 못했던 감정이나 욕망, 행동을 무대 위에서 재연함으로써 이러한 감정들을 해소할 수 있는 기회를 제공합니다. 이 과정은 개인의 내면적인 성장을 촉진하며 표현되지 못한 감정이나 욕망을 인식하고 표현함으로써 자신의 감정과 욕망에 대해 더 깊이 이해할 수 있게 됩니다. 이는 자기 이해와 자아존중감을 높이는 데 기여하며 결과적으로 개인의 심리적 안정과 성장에 긍정적인 영향을 미칩니다.

따라서 잉여현실은 단순히 과거에 표현되지 않은 감정을 의미하는 것이 아니라, 이러한 감정을 인식하고 해소함으로써 개인의 심리적 건강과 성장을 도모하는 중요한 개념입니다. 심리극을 통해 참가자들은 이러한 과정을 체험함으로써 자신의 삶에서 더 큰 자유와 만족을 느낄 수 있게 됩니다.

우리는 모두 다양한 잉여현실을 가지고 살아갑니다. 나 또한 특정 상황에서 감정을 즉시 표현하지 못하고 나중에야 그 감정이 솟구쳐 오르는 경험을 하곤 했습니다. 물론, 어떤 상황에서는 감정을 표현하지 않는 것이 더 나을 수도 있지만, 일반적으로 적절하고 건강한 방식으로 감정을 표현하는 것이 정신건강에 도움이 됩니다.

심리극에서 잉여현실을 다루는 이유는 잉여현실에 숨겨져 있던 큰 스트레스와 고통이 현재에 부정적인 영향을 미칠 수 있기 때문입니다. 유능한 심리극 연출자는 잉여현실을 잘 다루어야 합니다. 다른 대면 상담에서는 잉여현실을 주로 말로 다루지만, 심리극에서는 잉여현실을 제스처와 행동을 통해 다루며 이는 심리적 치유에 중요한 역할을 합니다.

◆ 심리극에서 잉여현실의 적용 사례

예를 들어보겠습니다. 10대 후반의 사랑하는 연인이 있었습니다. 여자는 아이를 임신하게 되었으나 집안의 반대로 인해 원치 않게 아이를 낙태하게 되었습니다. 남녀는 헤어졌고, 여자는 아이를 지웠다는 죄책감을 깊이 마음에 간직하게 되었습니다.

10년 후 그 여자는 다른 남자와 결혼해 행복한 생활을 하고 있었지만, 갑작스럽게 우울감과 자신감 상실에 시달리게 됩니다. 심리극의 주인공이 된 이 여자는 다양한 감정을 표출하던 중 죄책감에 억눌린 감정을 발견하게 됩니다. 이때 심리극에서 중요한 것이 바로 잉여현실입니다.

심리극 연출자는 여자 주인공에게 과거로 돌아가 아기의 역할을 할 보조자아를 선택하게 합니다. 아기 역할을 맡은 관객이 정해지자, 여자는 아이를 포옹하며 이렇게 이야기합니다.

"우리 아기야. 내가 너를 버렸어. 너무 미안해. 나를 용서해 줘."

그러자 아기 역할을 맡은 보조자아가 대답합니다.

"엄마, 괜찮아요. 너무 슬퍼하지 마세요."

이후 연출자는 역할 바꾸기 기법을 활용해 엄마가 아이가 되고, 아이가 엄마가 됩니다. 아이(실제 엄마)는 "엄마 미워. 나를 버리고 갔어요. 나를 사랑했나요?"라고 묻고, 엄마(낙태된 아이)는 "미안하다. 너를 사랑해."라고 답합니다. 이후 다시 원래의 역할로 돌아가 대화를 이어갑니다. 아이는 "저는 여기서 잘 지내니, 엄마 너무 죄책감 느끼지 말고 행복하게 지내세요. 엄마를 용서해요."라고 합니다. 엄마는 울음을 참지 못하며 "고맙

다. 사랑한다."라며 장면을 마무리합니다.

　이처럼 심리극의 잉여현실은 과거에 표현되지 못했던 감정과 장면을 재연하고, 이를 통해 감정을 해소하며 치유를 돕습니다. 다른 대면 상담에서는 다루기 힘든 잉여현실의 표현이 심리극에서 가능해지며, 이는 참가자들에게 깊은 심리적 해방을 얻을 수 있게 합니다.

　일반적으로 잉여현실을 다루는 심리극에서는 단순히 스트레스 상황을 재연하는 것에 그치지 않고, 그 감정이 표출되지 못한 본질적인 이유를 탐구하게 됩니다. 이 과정에서 주인공은 자신의 패턴과 태도를 탐구하고 잉여현실을 통해 표현되지 못한 감정을 해소하며 새로운 통찰을 얻게 됩니다.

텔레: 사람 사이의
끌림과 반발을 이해하다

텔레(Tele)는 사람 사이에서 느끼는 끌림이나 반발감을 의미합니다. 이 개념은 사람 간의 관계에서 자연스럽게 나타나는 호감 또는 반감을 설명하는 데 사용됩니다.

예를 들어, "저 남자는 너무 멋져. 정말 괜찮아!"라는 느낌은 플러스(+)텔레를 나타냅니다. 반면, "쟤는 그냥 싫어. 괜히 짜증 나. 재수 없어."라는 느낌은 마이너스(-)텔레를 의미합니다. 텔레의 원어는 '거리가 먼'이라는 뜻을 가진 단어에서 유래했지만, 심리극에서 텔레는 사람 사이의 심리적 거리와 감정적 반응을 나타내는 개념으로 사용됩니다.

텔레는 우리가 처음 만나는 사람에게 느끼는 호감이나 비호감의 감정으로, 이는 사람 간의 상호작용에서 매우 중요한 요소입니다. 우리는 어떤 사람에게 자연스럽게 끌리고 친밀감을 느끼거나 반대로 이유 없이 불편함이나 거부감을 느낄 때가 있습니다. 이러한 감정은 텔레에 의해 형성되며 텔레는 성격, 가정 환경, 고향, 성별, 학교, 전공 등 다양한 배경 요소에 의해 영향을 받습니다.

 예를 들어, 처음에는 어색한 두 사람이 같은 학교 출신이라는 사실을 알게 되면 텔레 점수가 급격히 올라가며 친밀해질 수 있습니다. 반대로 친밀했던 두 사람이 정치적 견해가 다르다는 것을 알게 되면 텔레 점수가 크게 떨어질 수도 있습니다. 이러한 텔레의 변화는 사람 간의 관계에서 매우 중요한 역할을 하며, 심리극에서도 다양한 방식으로 활용됩니다.

 텔레 점수 놀이는 집단 프로그램에서 재미있게 활용될 수 있는 방법 중 하나입니다. 비슷한 텔레 점수를 가진 사람들끼리 모여 그 이유를 논의하고 기록하는 활동은 참가자들 간의 관계를 이해하고 발전시키는 데 큰 도움이 됩니다. 또한, －텔레가 높은 사람과의 관계를 탐구함으로써 자신이 왜 특정한 감정을 느끼는지 이해하고 그 관계를 개선할 수 있는 기회를 제공합니다.

 텔레는 심리극의 워밍업 과정에서도 활용됩니다. 예를 들어, 연출자가 "커피 한잔을 함께하고 싶은 느낌이 드는 사람?"이라고 묻고, 그 이유에 대해 이야기하게 하는 것은 참가자들 간의 신뢰감과 친밀감을 증진시키는 데 효과적입니다.

또한, "여행을 함께 가고 싶은 사람?", "영화를 같이 보고 싶은 사람?"과 같은 질문을 통해 집단 내에서의 관계를 형성하고 결속력을 높이는 데 텔레가 큰 역할을 합니다.

심리극에서 텔레의 중요성은 주인공이 보조자아를 선택할 때 두드러집니다. 예를 들면 가정 폭력을 경험한 여자 주인공이 남편 역할을 맡을 보조자아를 선택할 때 텔레적인 요소, 즉 비슷한 느낌을 주는 사람을 선택하게 됩니다. 이때 선택된 보조자아는 소름 끼칠 정도로 해당 역할에 몰입하거나 실제로 비슷한 문제를 겪고 있는 경우가 많습니다. 이는 텔레가 작용한 결과입니다.

또한, 심리극 연출자가 주인공과의 +텔레를 유지하는 것은 심리극 전체의 성공을 좌우하는 중요한 요소입니다. 만약 주인공이 연출자에게 −텔레를 느낀다면 이는 심리극의 주요 열쇠가 될 수 있습니다. 이 경우 연출자는 주인공의 과거 부정적인 경험이 현재 연출자에게 투영되어 나타난 전이 현상을 이해하고, 이를 해결하는 방법을 모색해야 합니다. 반대로 역전이는 연출자가 주인공에게 느끼는 과거의 감정이 현재 주인공에게 투영되는 현상을 의미하며, 연출자는 이를 인지하고 균형을 유지해야 합니다.

  텔레는 심리극뿐만 아니라 일상 속에서도 중요한 개념입니다. 우리가 텔레의 요인을 인식하고 이를 바탕으로 관계를 이해한다면 서로를 더욱 깊이 이해하고 자신의 인간관계를 성장시킬 수 있는 기회를 갖게 될 것입니다.

사회측정학: 집단 속의 나

사회측정학(Sociometry)은 집단 구성원 간의 상호 선택을 통해 선호도와 집단의 특성을 파악하는 방법입니다. 이는 집단 내에서의 관계, 신뢰, 친밀감 등을 측정하고 이해하는 데 중요한 도구로 사용됩니다. 사회측정학은 집단의 특성을 수량화하여 측정하는 학문으로, Socio(사회, 집단)+Metry(측정)의 결합어입니다.

사회측정학은 심리극 연출자에게 특히 유용한 도구입니다. 연출자는 단기간에 집단의 분위기와 흐름을 파악하고, 구성원 간의 관계를 향상시켜야 할 필요가 있습니다. 이때 사회측정학을 활용하면 집단의 다양한 특성을 빠르게 이해하고 집단 구성원 간의 신뢰와 결속을 강화할 수 있습니다.

◆ **사회측정학의 활용 예시**

연령, 성별, 키, 휴대폰 뒷자리 번호 등의 기준에 따라 집단을 나누게 하면 참가자들은 서로에 대해 더 많이 알게 되고 자연스러운 웃음을 유도할 수 있습니다. 또 다른 방법으로 참가자들을 자신의 기분에 따라 한 줄로 서게 할 수 있습니다.

기분이 우울하거나 안 좋은 사람은 0점 쪽에, 기분이 매우 좋은 사람은 100점 쪽에 서게 합니다. 이를 통해 집단의 기분 상태를 파악할 수 있습니다. 각자 서 있는 위치에 대한 이유를 묻는 것도 중요한 과정입니다.

10점: "사는 게 의욕이 없고 힘들어요. 게다가 딸까지 말을 안 들어서요."
50점: "그냥 중간 점수가 좋아서 50점에 섰습니다."
90점: "어제 회사에서 승진해서 기분이 좋아요."

이러한 방식으로 심리극 연출자는 집단의 삶의 만족도, 친밀성, 부부 만족도 등을 파악할 수 있습니다.

◆ 로코그램

로코그램(Locogram)은 사회측정학의 또 다른 도구입니다. 이 방법은 집단 구성원들이 특정 주제에 따라 서로 다른 위치에 서게 하여 공통점을 찾는 방식입니다. 예를 들어, 심리극 연출자가 시계 모양을 설명한 후 "하루 중 가장 편안하게 느끼는 시간에 서보세요."라고 지시하면 참가자들은 6시, 7시, 12시 등 자신의 선호 시간대에 서게 됩니다. 같은 시간대에 선 참가자들은 공통된 경험과 친밀감을 느낄 수 있습니다.

또한, 연령대를 기준으로 20대, 30대, 40대, 50대, 60대 참가자들을 모아놓고, "돌아가고 싶은 나이에 서보세요."라고 한 후 그 이유를 묻는 방식도 있습니다. 이때 즉흥적인 심리극을 진행하면 참가자들은 그 상황을 재연하며 더 깊이 있는 경험을 나눌 수 있습니다.

◆ 노인을 위한 심리극에서의 사회측정학 활용

노인을 위한 성(性)에 대한 심리극을 진행한 적이 있습니다. '성'이라는 주제는 쉽게 다루기 어려운 경우가 많습니다. 이때 사회측정학을 활용하여 성에 대한 관심이 있는 노인과 성에 대

심리극의 주요 이론

한 관심이 없는 노인으로 반을 나누어, 각각의 이유를 듣는 방식이 효과적일 수 있습니다. 이를 통해 노인들이 성에 대해 가지고 있는 생각이나 욕구를 명료하게 파악할 수 있습니다. 또한, 성에 대한 편견 정도를 점수화하여 비슷한 점수별로 집단을 나누고, 이들 간의 대화를 통해 사례를 선정하고 이를 바탕으로 역할극을 진행할 수 있습니다. 역할극을 진행한 결과, 노인들은 의외로 성에 대한 욕구가 높은 것을 알 수 있었습니다.

이 과정을 통해 참가자들은 자신뿐만 아니라 다른 사람들의 생각과 감정을 명확히 이해할 수 있게 됩니다. 또한, 집단 구성원들 간의 소속감과 편안한 감정을 느낄 수 있게 하며 심리극의 효과를 더욱 높일 수 있습니다.

사회측정학은 집단의 관계를 이해하고 강화하는 데 중요한 도구로, 심리극에서 특히 유용하게 사용됩니다. 사회측정학을 효과적으로 활용함으로써 심리극은 더욱 풍부하고 의미 있는 경험을 제공할 수 있습니다.

4장

심리극의 구성요소

주인공:
무대 위의 나의 이야기

　주인공(Protagonist)은 심리극(Psychodrama)에서 중심적인 역할을 맡는 인물로, 자신의 개인적인 이야기를 바탕으로 삶의 다양한 측면을 무대 위에서 탐색하고 표현합니다. 심리극의 모든 과정은 주인공을 중심으로 전개되며, 주인공은 자신의 내면세계와 경험을 무대에서 즉흥적으로 드러냅니다. 이를 통해 주인공은 심리적인 치유와 성장을 도모하며 자신의 삶을 새로운 시각으로 바라볼 수 있는 기회를 얻습니다.

　주인공은 자신의 감정, 갈등, 소망 등을 무대 위에서 즉흥적인 연기를 통해 표현합니다. 이 과정에서 주인공은 사전에 준비된 대본 없이 상황과 역할을 연기하게 되는데, 이러한 즉흥적인 접근은 주인공이 자신의 진정한 감정과 반응을 자연스럽게 표현할 수 있도록 돕습니다. 이로 인해 주인공은 자신을 더 깊이 이해하고 내면의 문제를 표출하여 새로운 통찰을 얻을 수 있습니다.

심리극에서 주인공의 경험은 단순한 연기를 넘어, 자신의 문제를 새로운 시각으로 바라보고 해결책을 모색하는 데 큰 도움을 줍니다. 주인공은 자신의 삶에서 반복적으로 겪는 갈등 상황을 무대 위에서 재연하고 그에 대한 새로운 반응 양식과 행동 패턴을 연습할 수 있는 것입니다. 이러한 과정을 통해 주인공은 실제 생활에서도 더 효과적으로 문제를 대처할 수 있는 능력을 키우게 됩니다.

심리극은 주인공이 자신의 개인적인 경험과 감정을 탐색하는 데 중점을 둡니다. 이는 주로 개인의 내면적인 문제와 갈등을 다루며, 주인공은 자신의 이야기를 통해 자기 이해와 변화를 도모하게 됩니다.

반면, 사회극(Sociodrama)은 집단 전체가 주인공 역할을 하며, 사회적 또는 집단적인 이슈와 갈등을 탐구하는 데 사용됩니다. 예를 들어, 공동체 문제, 사회적 갈등, 집단의 역할과 규범 등을 다룰 때 사회극이 사용됩니다. 사회극에서는 집단 내의 다양한 관점과 역할을 탐색해 집단의 이해와 결속을 도모합니다.

결론적으로 심리극에서 주인공이 경험하는 과정은 개인적인 성장과 치유를 경험하는 중요한 과정입니다. 주인공은 자신의 내면세계를 탐색하며 이를 통해 더 나은 자기 이해와 대처 방식을 익히고, 궁극적으로는 자기 삶에서 긍정적인 변화를 이끌어 낼 수 있습니다.

연출자:
감정의 무대를 설계하다

연출자(Director)는 심리극에서 핵심적인 역할을 맡아 주인공(Protagonist)이 자신의 이야기를 무대에서 자연스럽게 표현하고 탐색할 수 있도록 돕습니다. 연출자는 심리극의 전체 과정을 지휘하고, 다양한 기법을 활용해 주인공이 자신의 문제를 효과적으로 다룰 수 있는 분위기를 조성합니다. 연출자의 역할은 심리극의 성공을 좌우할 만큼 중요합니다.

연출자는 심리극의 여러 기법을 능숙하게 활용합니다. 예를 들어, 주인공의 내면의 목소리나 숨겨진 감정을 표현하기 위해 이중 자아 기법(Doubling)을 사용하거나 주인공이 다른 인물의 관점에서 상황을 이해할 수 있도록 돕기 위해 역할 바꾸기(Role Reversal)를 적용할 수 있습니다. 또한, 주인공이 자신의 행동과 감정을 외부에서 객관적으로 바라볼 수 있도록 거울 기법(Mirror Technique)을 사용할 수도 있습니다. 이처럼 연출자는 다양한 기법을 통해 주인공의 감정과 행동을 더 효과적으로 표현하고 탐색하도록 합니다.

연출자는 안전하고 지지적인 분위기를 조성하는 데 중요한 역할을 합니다. 주인공이 솔직하게 자신의 감정과 문제를 표현할 수 있도록 연출자는 주의 깊게 환경을 조성하고, 참가자들의 감정을 보호합니다. 연출자는 심리극 과정에서 주인공과 다른 참가자들의 심리적 상태를 지속적으로 모니터링하고, 필요한 경우 즉각적인 지원을 제공합니다. 이는 주인공이 자신의 이야기를 탐색하는 과정에서 심리적 안전감을 느끼게 해 더 깊은 자아 탐구와 치유를 가능하게 합니다.

연출자는 또한 심리극의 전체 구조와 흐름을 관리합니다. 심리극의 시작부터 끝까지 진행을 책임지며 주인공의 이야기가 자연스럽게 전개될 수 있도록 상황을 조율합니다. 심리극의 각 단계가 원활하게 이어지도록 관리하며 주인공의 이야기가 혼란 없이 전개되도록 돕습니다. 이 과정에서 연출자는 주인공의 감정 변화에 민감하게 반응하며 필요에 따라 심리극의 방향을 조정하기도 합니다.

연출자의 자질과 훈련은 심리극의 성공에 결정적인 역할을 합니다. 연출자는 심리극과 인간 행동에 대한 깊은 이해를 가지고 있어야 하며, 심리극 기법을 효과적으로 활용할 수 있는 능력을 갖춰야 합니다. 또한, 연출자는 공감 능력, 인내심, 창조성, 대인관계 기술 등 다양한 개인적 자질을 갖추고 있어야 합니다. 이러한 자질은 주인공이 자신의 이야기를 탐색하는 과정에서 신뢰를 형성하고 더 깊이 있는 자아 탐구를 가능하게 합니다.

연출자는 또한 충분한 전문적 심리극 훈련을 받아야 합니다. 이는 심리극의 다양한 기법과 이론을 습득하고, 이를 실제 상황에 적용할 수 있는 능력을 기르는 데 필수적입니다. 연출자는 심리극의 이론적 지식뿐만 아니라 이를 실제로 적용하는 데 필요한 실습과 경험도 충분히 쌓아야 합니다.

궁극적으로 연출자의 역할은 주인공이 심리극을 통해 자기이해와 변화를 도모하는 데 중요한 의미를 가집니다. 연출자는 주인공이 자신의 내면세계를 탐색하고, 이를 통해 긍정적인 변화를 이끌어 낼 수 있도록 안내합니다. 이는 주인공의 삶에 깊이 있는 심리적 치유와 성장을 가져다주며 연출자는 이 과정에서 주인공의 변화에 중요한 기여를 하게 됩니다.

보조자아:
주인공을 돕는 그림자

　보조자아(Auxiliary Ego)는 심리극에서 주인공이 자신의 문제를 탐색하고 해결하는 과정을 도와주는 중요한 역할을 맡은 인물입니다. 보조자아는 주인공의 삶 속에서 중요한 인물이나 사물, 대상의 역할을 재연하며, 이를 통해 주인공이 자신의 상황을 더욱 생생하고 깊이 있게 경험할 수 있도록 돕습니다.

예를 들어, 주인공이 과거에 겪었던 중요한 사건을 재연할 때 보조자아는 그 사건에 관련된 인물의 역할을 맡아 주인공과 상호작용합니다. 이 과정을 통해 주인공은 과거의 감정을 다시 체험하고, 그 사건에 대한 새로운 통찰을 얻을 수 있습니다.

보조자아는 주인공이 이야기하는 인물이나 대상의 특성을 파악하고 그에 맞게 재연합니다. 이를 통해 주인공은 자신의 경험을 보다 현실감 있게 느낄 수 있으며 강한 감정적 반응과 깊은 통찰을 얻을 수 있습니다. 가령 주인공이 부모와의 갈등을 재연할 때 보조자아는 부모의 역할을 맡아 주인공과 대화를 나눕니다. 이 과정에서 주인공은 자신의 감정과 반응을 더 깊이 탐색할 수 있습니다.

보조자아는 주인공의 필요에 따라 다양한 역할을 수행하며 유연하게 변화합니다. 주인공의 이야기가 진행되는 동안 보조자아는 주인공의 경험을 강화하고 지원하는 역할을 합니다. 이는 주인공이 새로운 상황에 직면할 때 보조자아가 필요한 순간에 적절한 역할을 맡아 주인공의 경험을 풍부하게 만드는 방식으로 이루어집니다.

궁극적으로 보조자아는 심리극에서 주인공의 탐색 과정을 실질적으로 지원하는 중요한 역할을 합니다. 보조자아의 역할을 통해 주인공은 자신의 경험을 더 깊이 탐색할 수 있으며, 새로운 반응 양식과 행동 패턴을 탐구하고 연습하는 과정에서도 큰 도움을 받습니다. 이러한 지원은 주인공이 자신의 삶에서 긍정적인 변화를 이끌어 내는 데 중요한 기여를 하며 심리극의 성공적인 진행에 필수적인 요소가 됩니다.

관객:
무대 밖의 공감

관객(Audience)은 심리극에서 주인공, 연출자, 보조자아 외의 나머지 집단 구성원을 의미하며, 이들은 단순한 관찰자 이상의 중요한 역할을 수행합니다. 관객은 심리극의 과정에 적극적으로 참여하고, 주인공과 다른 참가자들에게 정서적 지지와 공감을 제공합니다.

관객은 심리극의 일환으로 무대에서 벌어지는 일들을 주의 깊게 지켜보고 그 과정에 적극적으로 반응합니다. 단순히 무대를 바라보는 것이 아니라 주인공의 이야기에 깊이 공감하며, 자신의 감정을 주인공의 경험과 연결 짓습니다. 이 과정에서 관객은 주인공의 이야기를 통해 자신의 문제와 감정을 탐색할 기회를 얻습니다.

정서적 지지는 관객의 중요한 역할 중 하나입니다. 관객은 주인공이 자신의 감정을 표현하는 동안 지지적인 태도를 유지하며, 주인공이 자신의 이야기를 탐색하는 데 필요한 안전감을 제공합니다. 이러한 지지는 주인공이 더 용기 있게 자신의 문제를 표현하고 내면의 갈등을 드러낼 수 있도록 도와줍니다.

관객은 주인공의 이야기에 감정 이입을 하며 주인공의 경험과 감정을 함께 느낍니다. 이는 주인공이 자신의 감정을 탐색하고 표현하는 데 큰 도움이 됩니다. 관객은 주인공의 이야기에 공감하면서 자신의 감정도 함께 해소할 수 있으며, 이를 통해 집단 전체의 정서적 분위기를 긍정적으로 형성합니다.

관객은 주인공의 이야기를 들으며 자신의 문제와 연결 짓기도 합니다. 심리극에서 주인공이 경험하는 상황은 관객에게도 공감대를 형성할 수 있으며, 이를 통해 관객 자신도 심리극의 치유적 효과를 경험할 수 있습니다. 주인공의 이야기를 통해 관객은 자신의 삶에 대한 새로운 시각을 얻고 문제 해결의 단서를 발견하게 됩니다.

심리극이 끝난 후 관객은 자기 생각과 감정을 나누는 시간을 가집니다. 이 과정에서 관객은 자신이 느낀 감정, 경험한 통찰, 그리고 심리극이 자신의 삶에 미친 영향을 나누며, 주인공뿐만 아니라 자신도 깊은 통찰과 감정 정화를 경험할 수 있습니다.

궁극적으로 관객은 심리극에서 중요한 역할을 수행하며, 주인공과 전체 과정에 긍정적인 영향을 미칩니다. 관객의 존재와 반응은 주인공이 자신의 문제를 탐색하고 감정 정화와 통찰을 얻는 데 큰 도움을 줍니다. 관객은 심리극의 일체감을 형성하고 집단 내에서 강력한 지지의 힘을 발휘하며, 심리극의 효과를 극대화하는 역할을 합니다.

무대:
내면을 펼치는 공간

　무대(Stage)는 심리극에서 주인공이 자신의 역할 연기를 통해 이야기를 탐색하고 표현하는 공간입니다. 이 공간은 주인공과 집단 구성원들이 안전하고 지지적인 환경에서 자유롭게 감정을 표현하고, 서로 상호작용 할 수 있도록 설계되어야 합니다.
　모레노는 최초의 심리극을 발코니가 있는 원형 무대에서 진행했습니다. 이 원형 무대는 참가자들이 서로를 잘 볼 수 있게 해서 개방적이고 친밀한 분위기를 조성하는 데 매우 효과적이었습니다.

　심리극의 무대는 반드시 정해진 형태를 따를 필요는 없습니다. 중요한 것은 집단이 편안하게 느끼고 자유롭게 행동할 수 있는 공간을 마련하는 것입니다. 참가자들이 자신의 감정과 이야기를 자유롭게 표현할 수 있도록 무대는 단순하고 유연한 공간으로 구성되어야 합니다.

무대의 배치는 집단 구성원들이 서로의 얼굴을 잘 볼 수 있도록 이루어져야 합니다. 이는 참가자들 간의 상호작용을 촉진하고 주인공과 관객 사이의 연결감을 강화하는 데 중요합니다. 높은 강당이나 극장 무대처럼 관객과 무대가 물리적으로 분리된 환경은 집단 구성원의 자발성과 몰입을 감소시킬 수 있으므로 바람직하지 않습니다. 이러한 단절된 환경에서는 참가자들이 편안함을 느끼기 어려워지고, 자신의 감정을 자유롭게 표현하기도 어려워집니다.

무대는 물리적 공간일 뿐만 아니라 심리적 공간이기도 합니다. 이 공간은 주인공이 자신의 내면세계를 탐색하고, 감정과 경험을 표현하는 데 중요한 역할을 합니다. 무대는 주인공과 집단 구성원들이 자기 이야기를 안전하게 탐색할 수 있는 공간을 제공하며, 이는 심리극의 성공적인 진행을 위해 필수적입니다.

이상적인 심리극 무대는 유연한 배치가 가능해야 합니다. 무대는 상황에 따라 자유롭게 변경될 수 있어야 하며, 이는 참가자들이 다양한 방식으로 자신의 이야기를 탐색할 수 있도록 돕습니다. 또한, 무대는 참가자들이 편안하고 안전하게 느낄 수 있는 분위기를 조성해야 합니다. 이는 참가자들이 자기 감정을 자유롭게 표현할 수 있는 환경을 마련하는 데 필수적입니다.

　궁극적으로 무대는 심리극의 핵심 요소로, 주인공과 집단 구성원들이 자기 이야기를 탐색하고 표현하는 역할을 합니다. 이상적인 무대는 유연하고 편안하며, 집단 구성원 간의 연결감을 강화하는 환경입니다. 이러한 무대는 심리극의 성공적인 진행과 참가자들의 감정적·심리적 변화를 도모하는 데 필수적인 요소입니다.

[심리극 주요 구성요소의 관계]

연출자는 주인공의 주변에 위치하며 주인공과 보조자아, 관객, 무대 사이에서 연결하는 역할을 합니다. 연출자는 심리극의 전체 구조를 지휘하며, 각 구성요소가 효과적으로 작동하도록 조율합니다. **보조자아**는 주인공의 옆에서 주인공을 직접적으로 지원하며, 다양한 역할을 수행하여 주인공의 경험을 심화시킵니다. **관객**은 주인공과 보조자아 주변에 위치하며, 이들이 주인공의 이야기에 공감하고 지지를 보내는 등의 중요한 역할을 합니다. **무대**는 전체적인 배경으로 모든 구성요소가 상호작용 하는 공간을 제공합니다. 무대는 주인공이 자신의 이야기를 탐색하고 표현할 수 있는 물리적 및 심리적 공간으로 기능합니다.

5장

몰입을 이끄는 워밍업

워밍업의 원칙

워밍업(Warming-Up)은 심리극에서 주인공과 집단 구성원들이 자연스럽게 심리극에 몰입할 수 있도록 돕는 과정입니다. 이 과정은 참가자들이 자신의 감정과 경험을 탐색하고 표현할 수 있는 준비를 하게 하며, 심리극의 성공적인 진행을 위해 필수적 요소입니다. 워밍업을 효과적으로 수행하기 위해 몇 가지 기본 원칙을 염두에 두어야 합니다.

첫째, 주변에서 중심으로, 가벼운 주제에서 무거운 주제로 진행합니다. 초기에는 일상적인 이야기나 가벼운 주제로 시작해 참가자들이 긴장을 풀고 자연스럽게 대화에 참여할 수 있도록 합니다. 이는 참가자들이 점차 자신을 개방할 수 있는 기회를 제공하며, 워밍업이 진행됨에 따라 더 깊고 개인적인 주제로 이동해 자신의 내면을 탐색할 수 있도록 유도합니다.

둘째, 공적인 주제에서 사적인 주제로 진행합니다. 처음에는 친구나 가족 등 외부 관계에 대한 이야기를 다루며, 참가자들이 안전하다고 느끼는 범위에서 시작합니다. 시간이 지나면서 개인적인 경험과 감정을 나눌 수 있는 사적인 주제로 전환함으로써 참가자들은 자신을 더 깊이 탐색하고 솔직한 감정 표현이 가능해집니다.

셋째, 구체적인 주제에서 추상적인 주제로 이동합니다. 초기에는 명확한 상황이나 사건을 중심으로 다루다가 점차 복합적이고 추상적인 개념을 탐구합니다. 이는 참가자들이 자신의 경험을 다양한 시각에서 바라보고, 보다 깊이 있는 통찰을 얻는 데 도움이 됩니다.

넷째, 단순한 동작에서 복잡한 동작으로 발전시킵니다. 워밍업의 초기 단계에서는 간단한 신체적 움직임으로 시작해 참가자들이 자신의 신체와 감정을 연결하는 데 집중할 수 있도록 합니다. 이후 더 복잡한 동작으로 발전시켜 참가자들이 자신의 감정을 몸으로 표현하고 신체적 몰입을 경험할 수 있게 합니다.

다섯째, 국소적인 활동에서 전신 활동으로 확장합니다. 처음에는 손, 팔, 발 등 국소적인 신체 부위를 사용하는 활동으로 시작해 점차 전신을 사용하는 활동으로 확대합니다. 이는 참가자들이 신체적으로도 준비가 될 수 있도록 돕고, 심리극에서의 몰입을 촉진합니다.

여섯째, 참가자의 연령에 맞는 활동을 선택합니다. 어린 참가자와 성인 참가자에게는 각기 다른 접근 방식이 필요합니다. 활동의 난이도와 내용이 참가자의 연령과 경험에 적합해야 하며 이를 통해 더 깊은 참여와 몰입을 유도할 수 있습니다.

일곱째, 사용할 수 있는 공간의 크기와 형태를 고려해 활동을 계획합니다. 공간이 넓다면 더 큰 움직임을 포함할 수 있고, 좁은 공간이라면 소규모 활동을 선택하는 것이 좋습니다. 공간의 제약을 고려한 활동은 참가자들이 더 편안하게 느끼고 활동에 집중할 수 있도록 합니다.

여덟째, 집단의 현재 상태와 분위기를 반영해 워밍업을 진행합니다. 예를 들어, 집단이 스트레스를 많이 받고 있다면 이를 해소할 수 있는 활동을 선택하는 것이 효과적입니다. 이는 참가자들이 자신을 더 잘 이해하고 심리적으로 안정된 상태에서 활동에 참여할 수 있도록 돕습니다.

아홉째, 워밍업의 목적에 맞는 활동을 선택합니다. 만약 집단 내의 친밀감을 형성하고자 한다면 참가자들이 서로에 대해 알아갈 수 있는 활동을 포함시키는 것이 좋습니다. 이는 집단의 결속력을 강화하고 심리극의 진행에 필요한 신뢰를 구축하는 데 기여합니다.

열째, 자발성을 증진하는 방향으로 진행합니다. 참가자들이 스스로 활동에 참여하고 자유롭게 자신을 표현할 수 있도록 돕습니다. 이는 참가자들이 심리극에 자연스럽게 몰입하고 자신의 이야기를 솔직하게 나눌 수 있도록 하는 중요한 요소입니다.

열한째, 상황에 맞게 유연하게 진행합니다. 워밍업은 상황과 분위기에 따라 유연하게 조정될 수 있어야 합니다. 집단의 현재 요구와 상태에 맞추어 활동을 조정하는 것이 중요하며, 이는 참가자들이 자신에게 적합한 방식으로 심리극에 참여할 수 있도록 합니다.

열두째, 구조화와 즉흥성의 균형을 유지합니다. 연출자가 미리 계획한 구조화된 워밍업 활동은 집단을 준비시키고, 예상되는 주제와 목적에 맞춰 진행될 수 있습니다. 동시에 집단의 분위기와 요구에 따라 즉흥적으로 워밍업을 진행함으로써 참가자들이 현재 순간의 감정과 주제를 더 자연스럽게 반영할 수 있도록 해야 합니다.

워밍업은 단순한 준비 과정을 넘어, 심리극에서의 몰입을 돕고 참가자들이 자신의 내면을 탐색할 수 있도록 돕는 중요한 단계입니다. 이 과정을 통해 참가자들은 안전하고 지지적인 환경에서 자신을 표현하고 심리극의 성공적인 진행을 위한 견고한 토대를 마련할 수 있습니다.

워밍업의 특성

워밍업(Warming-Up)은 심리극에서 주인공이 등장하기 전까지의 모든 준비 단계를 포함하는 과정입니다. 이 과정은 참가자들이 심리극에 자연스럽게 몰입하도록 돕고 자발성을 높이며 집단에 적극적으로 참여하도록 유도합니다. 모레노는 자발성의 최초 표현을 워밍업이라고 정의했으며, 이는 마치 갓 태어난 아기가 첫 숨을 쉬기 전의 준비 과정과 유사합니다. 심리극에서의 워밍업은 주인공이 자신의 이야기를 극화하기 전에 필요한 모든 준비 작업을 의미합니다.

워밍업 과정은 집단 구성원 간의 친밀감을 높이고 개방적이고 솔직한 의사소통을 촉진합니다. 이를 통해 집단의 응집력이 강화되어, 구성원들이 하나의 단위로서 더 잘 협력하고 상호 지지할 수 있도록 돕습니다. 또한, 워밍업은 집단 내에 신뢰를 구축하는 데 중요한 역할을 합니다. 참가자들이 서로를 신뢰할 수 있는 환경에서 자신을 더 자유롭게 표현할 수 있으며 이는 심리적, 정서적으로 안전한 분위기를 조성하는 데 필수적입니다.

워밍업은 당시의 상황, 시간, 공간, 집단 구성원, 집단 리더의 상태 등을 고려해 유연하게 조정되어야 합니다. 연출자는 이 과정을 통해 집단을 잘 이해하고 집단의 요구와 상태에 맞게 세션을 조정할 준비를 합니다. 예를 들어, 참가자들이 자신의 이름과 간단한 배경을 소개하는 것으로 시작하면 이는 초기 친밀감을 형성하는 데 도움이 됩니다. 간단한 역할 연기를 통해 참가자들이 심리극에 익숙해지도록 할 수도 있습니다. 가령 참가자들이 짝을 이루어 특정 상황을 연기해 보는 활동이 있습니다. 또한, 신체적 워밍업으로 간단한 스트레칭이나 움직임을 통해 몸을 푸는 활동도 포함될 수 있으며, 이는 참가자들이 신체적으로도 준비될 수 있도록 돕습니다.

궁극적으로 워밍업은 심리극에서 필수적인 준비 과정으로, 자발성을 높이고 집단의 친밀감과 응집력을 강화하며 안전한 환경을 조성하는 역할을 합니다. 이를 통해 주인공과 집단 구성원들이 심리극에 깊이 몰입하고 감정적, 심리적 변화를 경험할 수 있도록 하는 중요한 단계입니다.

심리극, 역할극, 사회극, 연극치료는 모두 역할을 중심으로 한 활동이지만, 각각의 초점과 목적에 따라 구분됩니다. 이들 개념을 명확하게 이해하는 것은 중요합니다. 역할극은 가장 포괄적인 개념으로 다양한 기법과 기술이 이 개념을 기반으로 적용됩니다.

6장

심리극, 역할극, 사회극, 연극치료의 유사점과 차이점

심리극:
내면의 무대에서 감정을 탐구하다

심리극(Psychodrama)은 개인의 심리적 내면을 깊이 탐구하는 극입니다. 참가자들은 자신의 감정과 경험을 표출하고, 이를 통해 자기 이해와 성장을 도모합니다. 심리극은 자발성, 창조성, 그리고 감정의 정화(Catharsis)를 통해 치료적 효과를 추구합니다. 이는 주로 치료적 목적으로 사용되며 개인이 내면의 갈등을 해결하고 심리적 치유를 경험하는 데 도움을 줍니다. 예를 들어, 한 참가자가 과거의 트라우마를 극복하기 위해 어린 시절의 자신과 대화하는 장면을 연출할 수 있습니다. 이 과정에서 그는 감정을 해소하고 새로운 통찰을 얻을 수 있습니다.

역할극:
역할을 통한 현실 연습

역할극(Role-Playing)은 특정한 상황에서 역할을 맡아 연기하는 활동으로 주어진 역할을 분석하고 그 역할에 몰입하는 것이 핵심입니다. 역할극은 교육적 목적으로 많이 사용되며 실제 상황에서의 대처 능력을 향상시키는 데 효과적입니다. 예를 들어, 직원 간의 팀워크 개선을 위해 상사와 부하 직원의 역할을 바꾸어 보는 연습이 있을 수 있습니다.

또한, 협상 스킬이나 인터뷰 준비 등 개인의 능력을 강화하는 훈련에서도 활용됩니다. 역할극은 다양한 상황에서 자신감을 높이고 효과적인 대처 방식을 연습하는 데 중요한 도구입니다.

사회극:
사회의 거울, 집단의 변화

사회극(Sociodrama)은 사회적 문제나 갈등 상황을 중심으로 한 즉흥극으로, 사회의 다양한 문제를 탐구하고 해결하는 데 중점을 둡니다. 개인의 문제보다는 집단이나 사회 전체의 이슈에 초점을 맞추며 참가자들이 사회적 상황을 재연하고, 그 안에서 다양한 행동과 반응을 탐색합니다. 이를 통해 사회적 이해를 촉진하고 집단 구성원들이 공동으로 문제를 해결하는 과정을 경험하게 됩니다. 예를 들면 학교에서의 집단 따돌림 문제를 다루는 사회극은 학생들이 그 문제를 인식하고 해결책을 모색하는 데 큰 도움이 될 수 있습니다.

연극치료:
연극을 통한 심리적 치유

연극치료(Drama-Therapy)는 연극적 기법을 활용해 개인의 심리적, 정서적 문제를 다루는 치료적 접근입니다. 이 과정에서는 대본을 활용하며 연극적 요소와 구조를 통해 참  가자들이 자신의 문제를 외부화하고 이를 치유할 수 있도록 돕습니다. 연극치료는 참가자들이 자신의 감정과 경험을 연극이라는 안전한 틀 안에서 탐구하게 하며 이를 통해 심리적 해방과 변화를 촉진합니다. 예를 들면 우울증을 겪는 참가자가 연극을 통해 자신의 감정을 표현하고, 이를 다른 사람들과 공유하는 과정을 통해 심리적 안정감을 찾을 수 있습니다.

이처럼 역할극은 다양한 형태로 활용될 수 있으며 그 목적과 초점에 따라 심리극, 사회극, 연극치료로 세분화됩니다. 각 접근법은 특정한 초점과 목적을 가지고 있으며 참가자들이 자신의 문제를 효과적으로 해결하고 개인적 및 집단적 성장을 이룰 수 있도록 돕습니다. 이들 기법은 역할을 중심으로 하지만, 그 안에서 펼쳐지는 이야기와 방법론은 각기 다릅니다. 이 점을 이해함으로써 우리는 각 기법이 제공하는 독특한 장점들을 최대한 활용할 수 있습니다.

[표1. 심리극, 역할극, 사회극, 연극치료 비교]

구분	심리극 (Psychodrama)	역할극 (Role-Playing)	사회극 (Sociodrama)	연극치료 (Drama-Therapy)
초점	개인의 심리적 내면, 감정 탐구 및 치유	특정 역할의 분석 및 연기, 현실 상황에 대한 대비	사회적 문제와 갈등 상황 탐구 및 해결	개인의 심리적, 정서적 문제를 연극적 기법으로 탐구 및 치유
목적	자발성, 창조성, 감정 정화를 통한 자기 이해와 성장	교육, 훈련, 실전 대비	사회적 이해 촉진, 집단적 문제 해결	연극을 통한 감정 외부화 및 심리적 해방
적용 분야	주로 치료적 목적	교육, 훈련, 개인 능력 향상	사회적 이슈 탐구 및 해결책 모색	심리적 문제 해결, 정서적 안정
진행 방식	즉흥적 연기, 상징적 표현	주어진 역할에 맞는 상황 연기	사회적 상황의 재현 및 행동 탐색	대본을 활용한 연극적 활동
대표 예시	과거 트라우마 극복을 위한 어린 시절 자신과의 대화	팀워크 개선을 위한 역할 교환, 협상 훈련	학교 집단 따돌림 문제 해결을 위한 즉흥 연기	우울증 참가자가 자신의 감정을 연극을 통해 표현하고 공유하는 과정
주요 특징	치료적 초점, 자발성과 창조성 강조	현실 상황에 대한 준비 및 훈련	집단적 문제에 대한 공동 해결 과정	연극적 구조를 통한 심리적 탐구와 해방

7장

심리극: 마음의 무대에서 펼쳐지는 진실

심리극의 정의:
마음의 극장, 자아의 확장

　심리극(Psychodrama)은 '마음의 극장', '진실의 극장'이라고도 불리며, 단순한 치료적 기법을 넘어 인간의 내면을 깊이 탐구하고 자아의 힘을 일깨우는 데 중점을 둡니다. 이는 연기와 역할을 통해 참가자가 자신의 내면세계를 직접적으로 탐험하는 과정입니다. 심리극의 핵심은 즉흥성으로, 준비된 대본 없이 참가자들이 순간순간 느껴지는 감정과 생각을 자유롭게 표현하도록 돕습니다.

　심리극에서 참가자는 자신의 과거와 현재, 그리고 미래의 다양한 상황을 무대 위에서 재연하며 내면의 진실을 자연스럽게 드러냅니다. 예를 들어, 어린 시절의 상처를 재연하는 과정에서 그 당시의 감정이 되살아나고 이를 통해 해결되지 않은 갈등을 치유할 수 있습니다. 이러한 진실된 표현은 참가자에게 감정적 카타르시스를 제공하며 심리적 치유와 정서적 안정을 가져옵니다.

심리극에서 주인공은 그간 표현하지 못한 감정들을 솔직하게 표현하고 이를 통해 자아를 강화하며 더 자신감 있는 삶을 살아갈 수 있게 됩니다. 다양한 역할을 연기하면서 주인공은 새로운 대처 방식을 배우고 이를 실제 생활에 적용할 수 있는 능력을 키우게 됩니다. 심리극은 단순한 연기가 아닌, 참가자가 자기 자신을 더 깊이 이해하고 성장할 수 있는 강력한 도구인 셈입니다.

심리극의 특징:
감정의 탐구와 성장의 무대

심리극은 참가자가 일상생활에서 겪는 갈등이나 문제를 무대 위에서 재연하고 이를 통해 자신의 무의식적 감정, 욕구, 갈등 등을 통찰하도록 도와줍니다. 이 과정에서 심리극은 참가자가 자신의 문제를 새로운 시각에서 바라보고 스스로 해결책을 찾을 수 있도록 이끕니다. 가령 심리극의 핵심 기법인 '역할 바꾸기'는 내담자가 상대방의 입장을 직접 경험하게 함으로써 문제를 더 깊이 이해하고 해결의 실마리를 찾을 수 있도록 돕습니다.

심리극과 종종 혼동되는 연극치료와 달리, 심리극은 단순한 연기 활동에 그치지 않고 참가자의 내면세계를 탐구하고 치유하는 데 중점을 둡니다. 가령 어떤 극단에서는 관객에게 특정 상황을 제시하고 즉흥 연기를 하도록 유도하지만, 이는 연극적 요소가 강하며 참가자의 심리적 치유보다는 연기 자체에 초점을 맞춥니다. 반면, 진정한 심리극은 참가자의 감정과 갈등을 깊이 탐구하고 이를 통해 새로운 통찰을 얻는 것을 목표로 합니다.

　심리극은 인간의 이면에 숨겨진 감정, 욕망, 생각을 드러내면서 공감을 불러일으키고, 참가자들은 깊은 심리적 통찰과 문제 해결 능력을 키울 수 있습니다. 또한, 관객들은 심리극을 통해 높은 몰입감을 경험하며 자신의 감정과 이해를 깊이 있게 성찰할 기회를 얻게 됩니다. 심리극은 단순히 연기를 넘어서 인간 내면의 복잡성을 탐구하는 무대이며, 참가자와 관객 모두에게 감정적 해방과 성장을 제공하는 중요한 도구입니다.

심리극의 진행 과정:
마음을 열고, 표현하고, 나누다

　심리극의 진행 과정은 세 가지 단계로 구성되는데 워밍업 단계, 실연 단계, 나누기 단계 등입니다. 이 단계들은 심리극의 성공적인 진행을 위해 필수적이며, 각각의 단계는 참가자들이 자신의 감정과 경험을 깊이 탐구하고 치유할 수 있도록 돕는 역할을 합니다.

◆ 1) 워밍업 단계: 마음의 문을 여는 시간

워밍업 단계는 말 그대로 참가자들이 심리적, 정서적으로 따뜻해지도록 준비하는 과정입니다. 이 단계는 집단 구성원들이 서로에게 친밀감을 느끼고, 심리극에 몰입할 수 있는 편안한 분위기를 조성하는 것을 목표로 합니다. 마치 운동을 시작하기 전에 몸을 풀어주는 것처럼 이 단계에서는 참가자들이 긴장을 풀고 자연스럽게 주인공이 나오도록 유도합니다. 적절한 워밍업은 심리극의 성공 여부에 큰 영향을 미치며 참가자들이 자신의 감정에 더 쉽게 접근할 수 있도록 돕습니다.

◆ 2) 실연 단계: 내면의 진실을 무대 위에 펼치다

실연 단계는 심리극의 핵심으로 주인공이 자신의 꿈, 소망, 미해결된 문제 등을 선택하여 표현하는 시간입니다. 이 단계에서 주인공은 하고 싶었던 말, 평소에 하지 못했던 이야기를 마음껏 펼칩니다. 주인공이 겪은 갈등, 느꼈던 감정, 그리고 미처 표현하지 못한 생각들을 연기로 재연하며, 그 과정에서 내면의 진실을 드러내고 치유를 경험합니다. 이 단계는 마치 인생의 중요한 순간들을 다시 살아가는 무대와 같으며, 주인공은 자신의 이야기를 새로운 시각에서 바라보고 감정적으로 해방되는 경험을 하게 됩니다.

◆ **3) 나누기 단계: 마음을 함께 나누며 공감하다**

나누기 단계는 심리극의 마무리로, 참가자들이 주인공의 이야기를 함께 나누는 시간입니다. 이 단계에서는 충고나 코멘트를 하기보다는 자신이 느낀 감정이나 비슷한 경험을 공유하며 공감하는 것이 중심이 됩니다. 우리는 종종 문제 해결 방법을 알고 있으면서도 그것을 실천하지 못하는 경우가 많습니다. 예를 들어, 공부를 잘하는 방법이나 살을 빼는 방법은 누구나 알고 있지만, 이를 실천하는 것은 또 다른 이야기입니다.

따라서 이 단계에서는 주인공의 심리극을 보고 문제 해결 방법을 제시하기보다는 자신의 삶과 연결된 이야기를 나누거나 주인공의 감정에 공감하는 것이 더 큰 의미를 가집니다. 이러한 공감과 나눔은 주인공에게 위로와 지지를 제공하며 집단 전체가 서로의 경험을 통해 성장할 수 있는 기회를 제공합니다. 심리극은 단순한 문제 해결을 넘어, 마음을 나누고 서로를 이해하는 과정으로 참가자들에게 깊은 감동과 변화를 선사합니다.

8장

사회극: 사회적 이슈를 무대 위에 올리다

사회극의 정의:
공유된 주제를 통한 집단적 탐구

사회극(Sociodrama)은 참가자들이 공유하는 주제나 사회적 이슈를 중심으로 진행되는 극입니다. 이는 개인의 내면보다는 사회적 상호작용과 집단의 문제 해결에 중점을 둡니다.

사회극의 진행자는 참가자들의 다양한 관심사에 귀 기울이며, 이 과정에서 집단 내에서 가장 큰 관심을 끌어내는 주제를

발견합니다. 이 주제가 바로 사회극의 중심이 됩니다.

사회극에서는 감정의 정화(카타르시스), 통찰(Insight), 역할 훈련(Role Training)을 통해 참가자들이 자신과 사회에 대한 이해를 깊이 있게 할 수 있도록 돕습니다. 진행자는 참가자들이 극에 몰입할 수 있는 열린 공간을 마련하고 공감할 수 있는 상황을 설정합니다. 이를 통해 참가자들은 상호작용 하며 사회적 문제를 극복하는 과정에서 자아실현을 경험하게 됩니다. 사회극은 이러한 과정을 통해 참가자들이 새로운 시각을 얻게 하고, 스스로를 재발견하는 기회를 제공합니다.

사회극의 특징:
사회적 갈등을 무대 위에서 해결하다

사회극은 다양한 사회적 이슈와 갈등 상황을 무대 위에서 재연하고 이를 통해 사회 문제에 대한 인식과 해결책을 모색하는 데 목적을 둡니다. 가난, 교육 문제, 인종 차별, 가정 폭력 등 사회에서 흔히 접하는 문제들을 다루며, 참가자와 관객 모두에게 사회적 이해를 촉진하는 중요한 역할을 합니다.

사회극에서는 참가자들이 직접 역할을 맡아 연기하며 다양한 상황을 체험하고 상호작용합니다. 이 과정에서 참가자들은 실생활에서는 경험하기 어려운 다양한 상황을 경험하며 감정적으로 깊이 참여하게 됩니다. 이는 참가자들에게 대인관계 기술을 발전시키고 타인의 입장을 이해하며, 효과적인 의사소통과 갈등 해결 방법을 배우는 기회를 제공합니다.

또한, 사회극을 통해 참가자들은 자신과 타인의 감정을 이해하고 공감을 바탕으로 문제를 해결하는 능력을 키울 수 있습니다. 이는 사회극이 개인의 성장뿐만 아니라 사회적 변화와 발전에 기여할 수 있는 강력한 도구로 작용하는 이유입니다.

사회극의 진행 과정:
사회적 이슈를 탐구하는 다섯 단계

사회극의 진행 과정은 다섯 단계로 구성되는데 워밍업 단계, 주제 선정 및 상황 설정 단계, 등장인물 선정 단계, 실연 단계, 공유화 단계 등입니다.

◆ 1) 워밍업 단계

이 단계는 참가자들이 현재 이 순간에 집중하고, 집단 내에서 자연스럽게 공통된 관심사를 찾아내는 과정입니다. 참가자들이 심리적으로 안정되고 편안해지며, 집단의 자발성을 증진시키는 데 중요한 역할을 합니다.

◆ 2) 주제 선정 및 상황 설정 단계

진행자는 집단 내에서 공유된 주제를 찾아내고 이를 구체적으로 설정합니다. 이 주제는 집단 구성원들이 특정 시점에서 느끼는 긴장과 불확실성, 정서적 관심사를 반영해야 하며, 참가자들이 가장 관심을 갖는 주제를 중심으로 선정됩니다.

◆ 3) 등장인물 선정 단계

설정된 상황에 필요한 등장인물들을 선정하는 단계입니다. 진행자는 집단 구성원들에게 그 상황에서 어떤 인물이 필요하고 적절한지를 묻고, 이를 바탕으로 등장인물을 결정합니다.

◆ 4) 실연 단계

참가자들이 자발적으로 선정된 장면이나 상황을 연기하며 공유된 문제를 탐구하는 단계입니다. 이 과정에서 참가자들은 자신의 감정을 표현하고 새로운 문제 해결 방식을 모색하게 됩니다.

◆ 5) 공유화 단계

마지막으로 참가자들은 실연된 장면에서 느낀 감정, 통찰, 그리고 자신의 생활에서 유사한 경험들을 나눕니다. 이 과정은 참가자들에게 위안과 지지를 제공하며, 특히 자아존중감이 낮거나 문제 상황에 직면한 구성원들에게 큰 힘이 됩니다.

9장

성서극: 신앙과 삶을 연극으로 재연하다

성서극의 정의:
성서 속 이야기의 재연

　성서극(비블리오드라마, Bibliodrama)은 집단을 구성해 성서의 이야기를 재행위화하는 과정을 의미합니다. 참가자들은 성서 속 인물들의 역할을 맡아 그들의 이야기를 연기함으로써 성서를 새로운 방식으로 이해하고 그 의미를 재발견합니다. 이 과정에서 성서의 이야기는 단순한 텍스트를 넘어 살아 숨 쉬는 경험으로 변모하며, 참가자들은 성서의 인물들이 겪는 갈등과 감정을 직접 체험하게 됩니다.

　성서극은 성서 속 이야기를 재연하는 동안 가족과 형제 간의 위기, 현대 사회의 딜레마, 자유와 탈출, 사랑과 배신, 탄생과 죽음과 같은 인생의 모든 경험을 다루게 됩니다.

참가자들은 이러한 주제들을 연기하면서 성서의 이야기가 자신들의 삶과 어떻게 연결되는지를 깨닫게 됩니다. 성서극은 참가자들이 신앙의 깊이를 더하고, 신앙을 살아 있는 경험으로 만들어 가는 데 도움을 줍니다.

성서극의 특징:
신앙과 인간 경험의 연결

현대 사회에서 성경이 그 의미를 잃어가고 있다는 사실은 부인하기 어렵습니다. 점점 더 많은 사람이 성경을 자기 성장과 방향을 위한 도구로 찾지 않으며, 성경 속 인물들과의 연결도 약해지고 있습니다. 성경 속 인물들이 여전히 우리에게 중요한 인생의 가르침을 준다는 사실을 우리는 종종 잊고 있습니다.

성서극은 이러한 문제를 해결하는 강력한 도구로 작용합니다. 성서극은 교육 도구이자 치유 도구로, 성경 이야기를 다시 살아 있게 만들고 성서를 읽는 사람들이 성경 속 인물들과 다시 연결될 수 있도록 돕습니다. 성서는 '불로 쓰여졌다'는 표현처럼 우리의 상상력을 통해 시간을 초월하여 불처럼 살아날 수 있습니다. 성서극은 이러한 불을 다시금 타오르게 하여 참가자들이 성경의 깊은 의미를 체험하고 신앙을 더욱 깊게 할 수 있는 기회를 제공합니다.

또한, Bibliodrama와 bibliodrama의 차이점은 그 목적에서 찾을 수 있습니다. 대문자로 시작하는 Bibliodrama는 주로 종교 교육에 중점을 두며 참가자들이 신앙을 깊게 하고 영성을 경험하도록 돕습니다. 개인적인 문제나 해결이 필요한 이슈는 다루지 않는 것이 특징입니다. 반면, bibliodrama는 일종의 책놀이로 동화나 이야기를 활용하여 참가자들이 감정을 표현하고 인간관계 개선과 행동 변화를 모색하는 데 중점을 둡니다.

성서극의 진행 과정:
신앙의 이야기를 재연하는 여정

성서극의 진행 과정은 세 가지 단계로 구성되는데, 준비 단계, 실연 단계, 느낌 나누기 단계 등입니다.

◆ 1) 준비 단계(Warm-Up)

이 단계에서는 참가자들이 현재 이 순간에 집중하고, 성서와 관련된 주제로 주의를 돌리는 과정입니다. 참가자들이 서로 편안함을 느끼고 주제가 자연스럽게 드러나도록 돕습니다. 이는 성서극을 성공적으로 진행하기 위한 중요한 기초 작업입니다.

◆ 2) 실연 단계

성서의 이야기를 연기하는 단계로 참가자들이 성서 속 인물들의 역할을 맡아 감정을 표현하고 그 주제에 대해 더 깊이 이해하도록 돕습니다. 이 과정에서 참가자들은 성서의 상황에 대한 자신의 감정을 직접적으로 표현할 수 있는 기회를 가집니다. 실연을 통해 참가자들은 성서의 이야기를 새로운 시각으로 경험하고 이를 통해 신앙과 삶의 연결 고리를 찾습니다.

◆ **3) 느낌 나누기 단계**(Sharing)

성서극이 끝난 후 모든 참여자가 자신의 느낌과 통찰을 나누는 단계입니다. 이 단계는 집단의 결속을 강화하고 성서극을 통해 학습한 것을 통합하는 데 중요한 역할을 합니다. 참가자들은 극을 통해 느낀 감정, 얻은 통찰, 그리고 자신의 삶에서 비슷한 경험을 나누며 서로를 이해하고 지지하는 과정을 경험하게 됩니다.

10장

심리극의 주요 기법

빈 의자 기법: 빈 의자를 통해 마음의 이야기를 나누다

빈 의자 기법은 심리극에서 널리 사용되는 강력한 기법으로, 심리적 표현을 촉진하는 도구로 자리 잡았습니다. 이 기법은 원래 심리극의 창시자 모레노에 의해 개발되었지만, 이후 게슈탈트 치료에서도 널리 활용되었습니다. 빈 의자 기법은 말 그대로 빈 의자를 활용하여 감정을 표현하고, 해결되지 않은 감정들을 마주하게 합니다.

빈 의자 기법을 사용할 때 심리극 연출자는 주인공에게 다음과 같은 질문을 던집니다.

"이 빈 의자를 보고 누가 떠오르시나요?
그 사람이 여기 앉아 있다고 상상해 보세요."

"빈 의자에 앉아 있는 사람에게 하고 싶은 말이 있나요?"

"빈 의자에 앉아 있는 내가 있다면, 나에게 어떤 말을 해주고 싶나요?"

예를 들어, 연출자가 "빈 의자에 누가 앉아 있으면 좋겠나요?"라고 물으면 주인공은 "친정어머니요."라고 대답할 수 있습니다. 그러면 연출자는 주인공이 친정어머니의 모습을 떠올리도록 돕습니다. "친정어머니의 모습이 어떤가요? 외모는 어떻고, 표정이나 태도는 어떤지 상상해 보세요." 주인공은 "70세에 차갑고 깐깐해 보이세요. 잔소리가 심하고, 걱정이 많으신 분이에요."라고 답할 수 있습니다. 연출자는 이어서 "그렇다면 이제 그 어머니가 이 빈 의자에 앉아 있다고 생각하고, 하고 싶은 이야기를 해보세요."라고 유도합니다.

이 기법은 주인공이 평소에 하지 못했던 이야기나 감정을 표현할 수 있도록 합니다. 빈 의자를 마주함으로써 주인공은 자신의 감정과 마주하고, 그동안 표현하지 못했던 마음을 진실하게 표현할 수 있게 됩니다. 또한, 주인공의 핵심 감정을 표현할 때도 빈 의자에 특정 인물이 앉아 있다고 상상하며 감정들을 표출할 수 있습니다. 이 과정에서 기쁨, 사랑, 슬픔, 분노, 즐거움, 애도 등 다양한 감정이 자유롭게 흘러나옵니다.

자기소개나 마무리 단계에서도 빈 의자 기법이 효과적으로

사용될 수 있습니다. 예를 들어, 연출자는 빈 의자를 나 자신이라고 상상하게 하고, 그 빈 의자에 자신을 상징하는 천을 덮게 합니다.

> "여기 있는 이 빨간 천을 빈 의자에 덮고.
> 이 의자가 당신이라고 생각해 보세요.
> 이제 당신을 가장 잘 아는 친구나
> 무생물(휴대폰, 책상, 침대 등)을 떠올려 보세요."

주인공은 휴대폰의 역할을 맡아 "이 사람은 나와 24시간 함께 지내요. 요즘에는 짜증이 많고 외로움을 잘 타는 것 같아요."라고 말할 수 있습니다. 이처럼 제3자의 관점에서 나를 바라보는 과정은 자기 이해를 깊게 하고, 심리적 거리를 두며, 감정을 객관적으로 탐구하는 데 도움을 줍니다.

심리극의 마무리에서는 빈 의자를 활용해 각기 다른 인물들을 상상하게 하여 마지막으로 하고 싶은 말을 전하게 할 수 있습니다.

> "이 빈 의자에 친정어머니, 남편, 딸이 앉아 있다고 생각해 보세요.
> 그들에게 하고 싶은 이야기를 해보세요.
> 이제 역할을 바꿔서, 그들이 되어 대답해 보세요."

빈 의자 기법은 그 간결함과 직관성 덕분에 누구나 쉽게 사용할 수 있으며, 억눌린 감정을 표현하고 해결할 수 있는 강력한 도구로 자리 잡고 있습니다. 역할 바꾸기 기법만큼이나 자주 활용되는 이 기법은 참가자들이 자신의 마음 깊은 곳에 있는 이야기를 꺼내어 치유와 변화를 경험하게 하는 데 중요한 역할을 합니다.

역할 바꾸기 기법:
상대방의 입장에서 나를 바라보는 법

역할 바꾸기 기법은 심리극의 창시자 모레노가 개발한 획기적인 기법 중 하나로, 심리극에서 매우 중요한 도구로 자리 잡고 있습니다. 이 기법은 말 그대로 특정 상황이나 장면에서 서로의 역할을 바꾸어 보는 것으로, 이를 통해 다른 사람의 관점에서 자신과 삶을 객관적으로 바라볼 수 있도록 돕습니다. 이 과정에서 참가자는 자신의 행동, 감정, 그리고 사고를 새롭게 이해하고 상대방의 입장에서 상황을 경험함으로써 보다 깊은 공감과 자기 통찰을 얻게 됩니다.

역할 바꾸기 기법은 다양한 상황에서 유용하게 사용됩니다. 예를 들어, 상대방에 대한 공감을 높이고자 할 때, 새로운 관점을 통해 문제를 바라보고자 할 때, 상황에 대한 이해를 심화하고자 할 때 주로 활용됩니다. 또한, 주인공이 스스로 자신의 문제를 탐색하고 해답을 찾을 수 있도록 돕는 역할을 합니다. 이 과정에서 주인공은 자신의 감정을 깊이 이해하고 감정적 해방을 경험하게 됩니다.

흥미로운 사례로 급하고 잔소리 많은 어머니와 게임에 몰두하는 자녀가 역할 바꾸기를 통해 서로의 입장에서 연기하게 되는 상황을 상상해 볼 수 있습니다. 어머니 역할을 맡은 자녀는 "너는 왜 항상 게임만 하니?"라고 꾸짖고, 자녀 역할을 맡은 어머니는 "엄마, 나도 게임이 좋아요. 나도 즐거운 시간을 보내고 싶어요."라고 대답하게 됩니다. 이처럼 역할이 바뀌었음에도 불구하고, 두 사람은 비슷한 말을 반복하게 됩니다. 이는 각자의 입장에서 느끼는 감정과 반응이 얼마나 비슷한지, 그리고 서로의 상황에 대한 이해가 어떻게 형성되는지를 보여줍니다. 이러한 경험은 사람들이 서로의 입장을 이해하고 공감하는 데 있어 진정한 깨달음을 얻게 합니다.

역할 바꾸기 기법은 크게 역할 맡기, 역할 놀이, 역할 창조의 세 단계로 구분됩니다.

역할 맡기는 주어진 역할을 충실히 수행하는 단계로, 이는 특정한 대본이나 상황에서 규정된 역할을 성실히 이행하는 것을 의미합니다.

역할 놀이는 더 많은 자유를 가지고 역할을 수행하는 단계로, 주어진 역할에 자신의 생각과 감정을 추가하여 더 자발적이고 창의적으로 표현하게 됩니다.

역할 창조는 높은 수준의 자발성과 창조성을 발휘하여 새로운 방식으로 역할을 수행하는 단계로, 이 단계에서는 기존의 틀을 넘어서는 새로운 역할 확장이 이루어집니다.

진정한 역할 바꾸기는 다른 사람의 입장에서 실제로 자신을 바라볼 때 이루어집니다. 이는 단순한 공감이나 이해를 넘어, 상대방의 눈으로 자신을 객관적으로 보는 과정을 통해 가능합니다.

아메리카 원주민의 우화 중에는 '내가 그 사람의 신발을 신고 오랫동안 걷기 전까지는 그를 판단하지 않게 해주세요'라는 말이 있습니다. 이 말은 우리가 누군가를 공감하고 이해하는 것이 결코 쉬운 일이 아님을 시사합니다. 단순히 "이해해요.",

"인정합니다.", "상대방의 입장에서 생각해 보세요."라는 말만으로는 충분하지 않습니다. 심리극의 역할 바꾸기 기법은 이와 같은 추상적이고 막연한 조언을 넘어서, 실제 경험을 통해 상대방의 입장에서 상황을 이해하고 진정한 공감을 느낄 수 있는 강력한 도구입니다.

따라서 역할 바꾸기 기법은 단순한 역할 연기에 그치지 않고 상대방의 사고, 정서, 행동을 직접 체험함으로써 진실한 교감을 이끌어 내는 매우 효과적인 기법이라고 할 수 있습니다. 이는 공감 능력을 키우고 인간관계를 더욱 깊고 진실하게 만드는 데 크게 기여합니다.

마술 가게: 마음을 주고받는 무형의 가게에서의 마음 나누기

마술 가게(Magic Shop) 기법은 정신과 병원에서 자주 활용되는 심리극 기법으로, 눈에 보이지 않는 정신적이고 감정적인 것들을 사고파는 가상의 가게를 설정하는 방식입니다.

이 가게에서는 사랑, 신뢰, 기쁨, 높은 자존감과 같은 긍정적인 마음과 분노, 미움, 불신, 상처, 질투와 같은 부정적인 마음을 사고팔 수 있습니다. 마술 가게 기법은 유머와 장난기 있는 분위기 속에서 진행되어 참가자들이 좀 더 자연스럽게 자신의 내면을 탐색하고 표현할 수 있도록 돕습니다.

마술 가게의 진행 방식은 다음과 같습니다. 연출자는 마술 가게의 점원 역할을 맡아 참가자들을 손님으로 맞이합니다. 손님은 가게에서 내놓고 싶은 마음과 새롭게 얻고 싶은 마음을 선택하여 거래합니다. 예를 들어, 손님이 "우울하고 무기력한 마음을 주고, 적극적이고 활기찬 마음을 사고 싶다."고 요청하면 연출자는 우울한 마음을 내놓는 이유와 새롭게 얻고 싶은 마음의 목적을 묻습니다. 이 과정에서 참가자는 자신의 감정 상태를 더 깊이 탐구하게 되며 자신의 내면에서 필요한 변화를 인식하게 됩니다.

또한, 마술 가게에서의 대화는 심리극의 시작을 자연스럽게 유도하는 역할을 합니다. 가령 슬픈 마음을 기쁜 마음으로 바꾸고 싶다고 요청한 손님이 "아버지와의 관계가 힘들어 마음이 슬프다. 이제는 아버지를 용서하고 기쁨을 얻고 싶다."고 이야기할 경우, 연출자는 "잠깐 시간을 내어 아버지와 만나보는 것이 어떻겠냐."고 제안하며, 이때 보조자아가 등장하여 심리극이 시작됩니다.

마술 가게 기법은 간단하지만 매우 효과적인 방법으로, 참가자들이 자신의 내면 이야기를 유머와 재미를 곁들여 자연스럽게 풀어놓을 수 있도록 돕습니다. 집단 구성원들이 이 가상의 상호작용을 통해 서로 공감하고 친밀감을 느끼게 되며, 이를 통해 집단의 결속력이 강화됩니다. 또한, 마술 가게에서의 대화는 워밍업과 실연 사이의 자연스러운 연결 고리가 되어 주인공이 선정되는 과정으로 이어질 수 있습니다.

  이 기법은 집단의 모든 구성원이 참여할 수 있을 때 그 효과가 극대화됩니다. 마술 가게의 분위기는 단순하면서도 깊이 있는 내면 탐구를 가능하게 하며, 이 과정을 통해 참가자들은 자신과 타인의 감정을 더 깊이 이해하고 치유할 수 있는 기회를 얻게 됩니다.

이중 자아 기법: 나의 또 다른 분신을 통해 속마음 표현하기

우리의 마음은 때때로 이중적인 감정을 동시에 느끼곤 합니다. 예를 들어, 어떤 상황에서 사회적 규범이나 예의 때문에 자신의 진짜 감정을 숨겨야 할 때 겉으로는 괜찮다고 말하지만, 속으로는 다른 감정을 느낄 수 있습니다. 이런 내면의 갈등은 이중 자아 기법(Doubling)을 통해 효과적으로 표현될 수 있습니다.

이중 자아는 주인공이 말로 표현하지 못하는 속마음을 대신 말하거나 몸짓으로 나타내는 역할을 합니다. 예를 들어, 직장 상사의 권위적인 태도에 화가 났지만, 직장에서의 위치 때문에 표정 하나 바꾸지 못한 주인공의 경우, 이중 자아는 그 속에 숨겨진 화와 기분 상함을 대신 표현해 줄 수 있습니다. 이때 보조 자아(Auxiliary Ego)가 이중 자아의 역할을 맡아 주인공의 속마음을 말이나 행동으로 드러냅니다.

심리극의 주요 기법

이중 자아는 단순히 억눌린 감정을 표현하는 것에 그치지 않고, 주인공의 강렬한 내면 목소리나 숨겨진 욕망, 갈등까지 드러냅니다. 주인공이 억눌린 증오, 미움, 질투 등을 느끼고 있을 때 이중 자아는 그 마음을 분명하게 표현해 줍니다. 이러한 표현을 통해 주인공은 자신도 몰랐던 깊은 감정을 인식하고 이를 해소할 수 있는 기회를 얻게 됩니다.

또한, 주인공이 여러 감정을 동시에 느끼는 다중 자아(Multiple Double)의 상황도 심리극에서 활용될 수 있습니다. 예를 들어, 주인공이 짜증, 미움, 속상함, 분노 등 다양한 감정을 동시에 느낀다면 각각의 감정을 대변하는 다중 자아들이 등장해 주인공의 복잡한 내면을 표현하게 됩니다. 이 과정은 주인공이 자신의 감정을 더 명확히 이해하고 이를 조정하거나 해소하는 데 큰 도움이 됩니다.

이중 자아 기법은 도덕적 딜레마를 표현할 때도 유용하게 사용됩니다.

가령 길거리에서 거액의 돈을 발견한 주인공이 갈등을 겪는 상황에서 한쪽에는 천사가 "정직해야 하며 돈을 주인에게 돌려줘야 한다."

라고 말하고, 다른 한쪽에는 악마가 "내가 가져도 돼. 이건 내 기회야!"라고 유혹할 수 있습니다. 이와 같은 다중 자아 표현을 통해 주인공은 내면의 갈등을 명확히 인식하고, 최선의 결정을 내릴 수 있는 계기를 마련하게 됩니다.

심리극에서 이중 자아 기법은 단순한 감정 표현을 넘어, 진정한 공감과 이해의 시작점이 됩니다. 우리는 다른 사람의 입장을 완전히 이해하기 어렵지만, 이중 자아 기법을 통해 상대방의 입장에서 자신을 바라보는 경험을 하게 됩니다. 이는 진정한 공감의 출발점이 되며, 상대방의 입장을 이해하고 공감하는 능력을 키우는 데 중요한 역할을 합니다.

역할 연기: 다양한 역할을 통해 각자의 입장 체험하기

　심리극에서는 주인공의 문제를 해결하기 위해 다양한 주변 인물이 등장합니다. 이때 주인공을 둘러싼 인물들, 예를 들어 아버지, 어머니, 형제자매, 친구, 직장 동료 등이 각자의 역할을 맡아 연기를 하게 되는데, 이를 역할 연기(Role Playing)라고 합니다. 역할 연기는 주로 보조자아들이 수행하며, 이는 집단에 참여한 다른 참가자들이 맡게 됩니다.

　보조자아는 주인공의 삶에서 중요한 인물들의 역할을 맡아 그들을 대신해 연기를 합니다. 만약 주인공이 직장에서 상사와 갈등을 겪고 있다면 보조자아는 상사나 동료의 역할을 맡아 그 상황을 재연하게 됩니다. 이때, 역할에 몰입한 보조자아는 자신의 성격과 성향을 투영하기도 합니다. 예를 들어, 성격이 급하고 조언을 좋아하는 사람이 보조자아를 맡으면 그 인물의 급한 성향이 자연스럽게 연기에 반영되기도 합니다. 이런 과정에서 보조자아는 자신을 성찰하고 나아가 치유의 경험을 하게 됩니다.

보조자아 역할은 주인공의 상황과 감정을 깊이 공감하고 이해하는 데 중점을 두어야 합니다. 처음 보조자아를 맡게 된 사람들은 주인공을 돕고 조언하고자 하는 강한 욕구를 느낄 수 있습니다. 그러나 중요한 것은 주인공을 이해하려는 마음과 그의 비언어적 신호를 주의 깊게 살피는 것입니다. 이는 주인공이 진정으로 공감받고 있다는 느낌을 받을 수 있게 합니다.

때때로 보조자아는 악역을 맡아야 할 때도 있습니다. 처음 악역을 맡은 사람은 자신이 나쁜 사람처럼 느껴질 수 있습니다. 그러나 이러한 역할을 자주 맡다 보면 역할에서 자유로움을 느끼고 그 과정이 흥미롭고 재미있어집니다. 결국 역할에 몰입하게 되며, 이는 심리극의 몰입감을 더욱 높여줍니다.

심리극에서 '연기'라는 단어가 들어가다 보니 많은 사람이 TV 드라마처럼 완벽한 연기를 해야 한다는 부담감을 느낄 수 있습니다. 그러나 심리극에서는 옳고 그름, 맞고 틀림이 없습니다. 중요한 것은 편안하게 연기하며 주인공을 진심으로 공감하려는 태도입니다. 주인공을 도우려는 작은 마음의 손길만으로도 충분합니다. 따라서 보조자아의 경험이 없더라도 누구나 보조자아를 맡을 수 있습니다. 우리는 이미 일상 속에서 다양한 역할을 수행하며 나름대로 보조자아의 역할을 하고 있기 때문입니다.

미래 투사 기법: 미래의 상황을 미리 경험하며 준비하기

심리극에서 주인공이 미래의 상황에 대해 불안해하거나 중요한 결정을 앞두고 고민할 때 미래 투사 기법이 사용됩니다. 이 기법은 주인공이 다가올 미래의 특정 시점을 미리 체험해 보도록 돕는 역할을 합니다. 이를 통해 주인공은 자신이 선택한 결정이 어떤 결과를 가져올지, 그 상황에서 어떤 감정을 느끼게 될지를 미리 경험함으로써 최선의 선택을 할 수 있도록 도와줍니다.

예를 들어, 저의 박사 논문에서 다루었던 중국 유학생의 사례가 있습니다. 졸업을 앞둔 이 유학생은 한국에서의 취업 면접을 매우 두려워하고 있었습니다. 그래서 심리극을 통해 6개월 후 면접 상황을 미리 설정하고 면접장에서의 불안한 감정과 대처 방식을 체험하게 했습니다. 면접위원의 역할을 맡아본 후 그 입장에서 어떤 질문을 던지고 싶은지를 생각해 보도록 하기

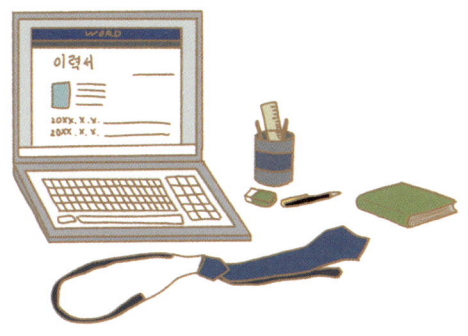

도 했습니다. 이 과정에서 유학생은 면접에 대한 불안감을 점차 줄일 수 있었고, 실제 상황에서 자신감 있게 대처할 수 있는 방법을 연습했습니다.

  이처럼 미래 투사 기법은 미래의 불확실한 상황을 미리 경험해 봄으로써 두려움을 극복하고 문제를 해결하는 데 매우 유용한 도구입니다. 주인공은 실연을 통해 미래의 선택과 그로 인한 결과를 미리 체험하고 스스로 올바른 결정을 내릴 수 있도록 도와줍니다.

거울 기법:
자신을 객관적으로 바라보기

거울 기법은 심리극에서 주인공이 자신의 모습을 객관적으로 바라보게 하여 자기 인식을 돕는 강력한 방법입니다. 이 기법은 주인공이 자기 모습을 스스로 인식하지 못하거나, 특정 상황에서 반응이 없거나, 침묵할 때 효과적으로 사용됩니다.

거울 기법이 적용되면 보조자아는 주인공의 표정, 말투, 몸짓 등을 그대로 모방하며 마치 거울처럼 주인공의 행동을 재연합니다. 주인공은 이 과정을 통해 자신이 어떻게 보이는지, 어떤 감정을 표현하고 있는지를 외부 시각에서 관찰하게 됩니다. 이를 통해 주인공은 자신의 행동과 감정을 더 깊이 이해하고, 때로는 그로 인해 중요한 깨달음을 얻을 수 있습니다.

그러나 이 기법은 매우 신중하게 사용되어야 합니다. 주인공의 민낯을 적나라하게 드러내기 때문에 연출자와 주인공 간의

신뢰가 충분히 형성된 상태에서 적절한 타이밍에 적용해야 합니다. 그렇지 않으면 주인공에게 심리적 부담을 줄 수 있으며, 반대로 역효과를 초래할 수도 있습니다.

저는 심리극을 연출할 때, 특히 중반 이후에 거울 기법을 자주 사용합니다. 주인공이 자신의 본질을 드러내지 않으려 할 때 이 기법은 주인공이 피하고 싶어 했던 과거의 상처나 억눌린 감정을 직면하게 만듭니다. 예를 들어, 과거 성폭력의 상처로 인해 무기력과 우울감에 시달리는 주인공이 있었다면 거울 기법을 통해 그가 어떻게 이러한 감정에 반응하고 있는지를 보여주고 그 근원을 탐색하게 됩니다. 이러한 과정을 통해 주인공은 자기 인식을 깊게 하고, 과거의 상처를 마주함으로써 회복의 길로 나아갈 수 있게 됩니다.

무생물 기법: 무생물을 통해 나를 표현하는 독특한 방법

　무생물 기법은 일상에서 접하는 무생물을 의인화하여 자신의 감정을 표현하거나 내면의 목소리를 드러내는 심리적 기법입니다. 이 방법을 사용하면 책상, 의자, 휴대폰, CCTV, 바람, 침대 같은 무생물이 되어 그들의 시선으로 나를 바라보고, 제3자의 관점에서 나 자신에게 하고 싶은 말을 대신 표현할 수 있습니다.

　이 기법은 비블리오드라마에서 자주 활용됩니다. 예를 들어, 창세기의 선악과나무, 바람, 나무 같은 무생물이 등장인물들의 감정이나 상황을 대신 이야기하며 주변 상황을 객관적으로 전달합니다. 무생물들이 등장인물들의 감정이나 상황을 대신 전함으로써 관객은 새로운 시각에서 이야기를 바라볼 수 있게 됩니다.

　학교 폭력 예방을 위한 청소년 심리극에서도 무생물 기법은 매우 효과적입니다. 학생들은 CCTV나 휴대폰 같은 일상적인 사물이 되어 자신이 느끼는 감정이나 상황을 자유롭게 표현합니다.

예를 들어, CCTV는 "난 사각지대를 볼 수 없어서 미안해. 네가 당한 학교폭력을 목격했지만 도와줄 수 없었어."라고 말할 수 있습니다. 휴대폰은 "나는 주인과 24시간 함께 있지만, 주인은 외롭고 우울해 보여. 내가 할 수 있는 건 그저 침묵을 지키는 것뿐이야."라고 자신의 감정을 대신 표현합니다.

무생물 기법은 자기소개에도 활용될 수 있습니다. 먼저 자신을 표현할 수 있는 가장 친숙한 물건을 떠올려 보세요. 휴대폰, 안경, 양말, 침대 같은 일상적인 물건이 예시가 될 수 있습니다. 그런 다음 빈 의자에 자신을 상징하는 색의 천을 덮고, 그

옆에서 자신이 선택한 물건이 되어 이야기를 시작합니다. 가령 휴대폰이 된 자신은 이렇게 말할 수 있습니다.

"이 친구는 항상 나와 가까이 있어요. 내성적이고
쑥스러움을 많이 타지만, 내면에는 화가 많이 쌓여 있어요."

이렇게 자신을 무생물의 관점에서 소개하면 단순히 이름과 나이를 나열하는 것보다 훨씬 깊이 있고 진지한 자기소개가 됩니다.

우리 주위의 친숙한 사물을 통해 자신을 표현하다 보면 자연스럽게 제3자의 시선으로 자신을 바라보게 됩니다. 이 과정에서 우리는 평소에 인식하지 못했던 내면의 감정이나 숨겨진 이야기를 발견할 수 있습니다. 무생물 기법은 우리의 내면을 탐구하고 자신과 새로운 대화를 시작하는 독창적인 방법입니다.

이 기법은 단순한 놀이처럼 보일 수 있지만, 자기 이해를 심화시키고 타인의 시선을 통해 자신을 새롭게 발견할 수 있는 강력한 도구입니다. 항상 곁에 있지만 쉽게 무시되는 물건들로부터 얻는 통찰은 우리의 감정을 더욱 생생하게 느끼게 하고, 보다 깊은 자기 성찰을 이끌어 낼 것입니다.

비언어적 기법: 말보다 강한 몸짓과 소리로 마음을 표현하기

비언어적 기법은 말이 아닌 몸짓, 제스처, 소리 등을 통해 내면의 심리적 상태를 표현하는 기법입니다. 이 기법은 우리가 말을 통해 전달할 수 없는 깊은 감정이나 억눌린 감정을 자유롭게 표출할 수 있게 해줍니다. 예를 들어, 주인공이 언어로 표현하기 어려운 감정을 느낄 때 큰 소리로 외치거나 역동적인 몸짓을 통해 그 감정을 해소할 수 있습니다.

비언어적 메시지는 말보다도 더 진실될 수 있습니다. 우리가 사용하는 말은 때로는 거짓이 섞이기도 하지만, 우리의 몸짓과

표정은 우리의 진심을 드러내는 데 있어 훨씬 솔직합니다. 누군가가 약속 시간에 늦었을 때 "괜찮다."라고 말하지만, 그의 얼굴에 짜증이 서려 있다면 그 표정이야말로 그의 진짜 감정을 보여주는 것입니다.

심리극에서 비언어적인 표현은 주인공의 내면 상태를 파악하는 데 중요한 단서를 제공합니다. 주인공이 "문제가 없다."라고 말하면서도 표정이 어둡거나 몸짓이 위축된 모습을 보일 때, 그 비언어적 신호들은 주인공이 감추고 있는 진실을 나타낼 수 있습니다. 이처럼 비언어적 기법은 심리극에서 언어 이상의 힘을 발휘하며 주인공의 내면을 깊이 탐구하고, 문제 해결의 실마리를 찾는 데 중요한 역할을 합니다.

이 기법은 특히 아동이나 청소년이 감정이나 생각을 언어로 표현하기 어려울 때 매우 유용합니다. 가령 한 아이가 산이라고 상상한 공간에서 "야~"라고 소리 지르는 것만으로도 마음속 응어리를 풀어낼 수 있습니다. 이런 비언어적 표현은 그들의 진정한 감정을 드러내며 자신을 표현하는 데 있어 자유로움을 선사합니다.

[표2. 심리극의 주요 기법 핵심 정리]

순번	기법	내용	목적 및 효과
1	빈 의자 기법	빈 의자에 특정 인물이 앉아 있다고 상상하고, 그 인물에게 말을 걸며 감정을 표현함.	내면의 감정 표현, 감정적 정화 및 치유 도모
2	역할 바꾸기 기법	특정 상황에서 상대방의 역할을 맡아보며 그들의 입장에서 자신을 바라보고 이해하는 기법	상대방에 대한 공감 증진, 자신을 객관적으로 이해, 감정적 정화와 통찰
3	마술 가게	무형의 가게에서 긍정적/부정적 마음을 사고파는 기법	내면의 감정을 구체적으로 표현하고, 심리적 해방감과 공감을 얻음
4	이중 자아	주인공의 속마음을 대신 표현해 주는 또 다른 자아(분신) 역할을 통해 감정을 표현함.	숨겨진 갈등과 내면의 목소리 표현, 감정의 진실성 드러내기
5	역할 연기	주인공의 문제와 관련된 다양한 주변 인물의 역할을 연기하여 상황을 재현함.	다양한 관점에서 상황을 이해하고, 문제 해결에 필요한 통찰을 얻음
6	미래 투사 기법	미래의 상황을 미리 실연하여 그 상황에 대비하고, 감정을 직면하며 준비하는 기법	미래의 불안과 두려움 극복, 최선의 선택과 결정을 돕는 실연
7	거울 기법	주인공의 행동과 표정을 거울처럼 흉내 내어 주인공이 자신의 모습을 직면하도록 하는 기법	자신에 대한 깨달음과 자기 인식 증진, 문제의 본질 탐색
8	무생물 기법	무생물을 의인화하여 주인공의 감정과 생각을 표현하게 하는 기법	제3자의 관점에서 자신을 바라보는 경험 제공, 내면의 감정 투사 및 표현
9	비언어적 기법	언어 대신 몸짓, 제스처, 소리 등을 통해 심리적 상태를 표현함.	언어로 표현하기 어려운 감정을 자유롭게 표출, 주인공의 진정한 감정 탐색

에필로그

마음의 자유를
찾는 여정

　코로나 시대를 거치면서 우리는 온라인 모임이 활성화되고 집에 머무는 시간이 길어졌습니다. 집에 있는 것이 마치 갇혀 있는 것처럼 답답하고 자유롭지 못한 느낌을 줄 수 있습니다. 그러면 밖에서 자유롭게 걷는 것으로 이 답답함을 해소할 수 있을까요? 물론 어느 정도는 그렇습니다. 하지만 모든 사람에게 해결책이 되지는 않습니다. 일부 사람들은 자유롭게 살아도 여전히 우울하고 무기력해져 극단적인 선택을 하기도 합니다. 반면에, 작은 공간에 갇혀 있어도 마음의 상태가 평온하다면 어느 정도 자유를 느낄 수 있습니다. 이는 우리 마음의 상태와 그 마음이 어디에 있느냐가 큰 영향을 미친다는 것을 보여줍니다.

　예를 들어, 상사와 함께 식사를 하면 아무리 호화로운 식사라도 불편함을 느낄 수 있지만, 아주 가까운 친구와 함께 식사하면 음식의 종류와 상관없이 편안함을 느낍니다. 무엇이 진정한 자유일까요?

　최고의 식사는 음식의 종류가 아니라 사랑하는 사람들과 함께하는 시간에서 비롯됩니다.

　마음의 상태는 우리가 느끼는 자유와 밀접한 관계가 있습니다. 외부 환경이 아무리 좋아도 우리의 마음이 불안하거나 불편하다면 그 환경은 우리에게 자유롭지 못한 느낌을 줄 수 있습니다. 반대로, 마음이 평온하고 안정되어 있다면 작은 공간이나 제한된 환경에서도 자유를 느낄 수 있습니다. 진정한 자유는 물리적인 환경이 아닌, 우리의 내면 상태에 달려 있는 것입니다. 마음이 평온하고 자신감이 있을 때 우리는 어떤 상황에서도 자유를 느낄 수 있습니다. 이는 외부의 상황에 흔들리지 않고, 내면의 평화를 유지할 수 있는 힘을 줍니다.

우리의 마음 상태는 우리가 맺는 관계의 질에도 영향을 미칩니다. 가까운 친구나 사랑하는 사람들과의 관계에서 우리는 더 큰 자유와 편안함을 느낍니다. 이는 그들과의 신뢰와 이해를 바탕으로 한 감정적 유대감 덕분입니다. 소리치고 주장할 수 있는 공간이 있다고 해서 반드시 자유를 느끼는 것은 아닙니다. 중요한 것은 그 공간에서 우리가 얼마나 편안하고 자신을 표현할 수 있는가입니다.

여기, 심리극이라는 무대가 있습니다. 이곳은 모든 것이 가능해지는 공간입니다. 표현하지 못했던 감정이나 마음속 깊이 숨겨진 감정을 자유롭게 표현하고 받아들일 수 있는 특별한 시간과 장소입니다. 심리극은 단순한 말로 표현하는 것을 넘어, 행동과 몸짓을 통해 더욱 생생하게 내면을 드러내는 과정입니다. 이곳에서는 작은 미소, 가벼운 인사, 눈 맞춤 같은 사소한 행동들이 큰 변화를 만들어 냅니다.

심리극의 성공적인 진행을 위해서는 참가자 간의 신뢰가 필수적입니다. 신뢰가 있어야만 참가자들은 자신의 감정을 솔직하게 표현하고, 다른 사람들의 감정을 존중하며 받아들일 수 있습니다. 심리극 연출자는 집단 내 신뢰를 형성하는 데 중요한 역할을 합니다. 적절한 자기 공개를 통해 연출자는 참가자들에게 자신이 안전하고 신뢰할 수 있는 존재임을 보여주며, 이는 참가자들이 마음을 여는 데 도움을 줍니다.

심리극 연출자는 집단의 분위기를 조성하고 참가자들이 자유롭게 표현할 수 있도록 돕고, 집단 참가자들의 지지는 개인이 자신을 표현하는 데 중요한 역할을 합니다. 집단의 지지를 통해 개인은 자신의 감정과 생각을 더 자유롭게 표현할 수 있으며, 이를 통해 내면의 갈등을 해소하고 치유할 수 있습니다. 심리극은 이러한 표현의 과정을 통해 개인의 자아 인식과 성장을 도모합니다. 참가자들은 자신과 다른 사람들의 감정을 이해하고 공감하며 이를 통해 더 깊은 인간관계를 형성할 수 있습니다.

저는 지난 25년 동안 수백 편의 심리극을 연출하며 다양한 주인공들을 만나왔습니다. 때로는 심리극의 주인공으로서도 참여해 깊은 내적 자유와 카타르시스를 경험했습니다. 이러한 경험들은 저에게 자유를 표현하는 기쁨과 내면의 평화를 선사했습니다. 가정 폭력에 노출된 가족을 주제로 한 심리극을 연출한 사례가 특히 기억에 남습니다. 주인공은 가부장적이고 권위적인 가정 환경에서 자라 내성적이며 감정을 표현하는 데 서툰 사람이었습니다. 심리극을 통해 이들은 한 번도 표현하지 못했던 감정과 갈등을 드러내며 점차 자신감을 얻어갔습니다. 심리극에서 주인공은 어릴 때 억눌렸던 감정을 표현하며 결국 카타르시스를 경험하고 내적 평화를 찾았습니다. 이는 주인공이 자신을 더 깊이 이해하고, 더 나은 삶을 살아가는 데 중요한 전환점이 되었습니다.

심리극은 대면 상담의 한계를 넘어서는 강력한 도구입니다. 이성적으로 문제를 이해하는 것만으로는 해결되지 않는 감정을 끌어내어, 몸과 마음이 함께 어우러진 치유를 제공합니다. 심리극은 우리에게 외부의 기준이 아닌, 나만의 기준에 따라 삶을 자유롭게 표현할 수 있는 기회를 줍니다.

심리극을 통해 우리는 자신과 진실한 대화를 나누고 내면의 감정을 솔직하게 표현할 수 있는 기회를 얻게 됩니다. 그 과정에서 우리는 다른 사람들과의 비교에서 벗어나 오직 나만의 기준을 세우는 것이 얼마나 중요한지 깨닫게 됩니다. 이러한 경험은 우리의 삶을 더욱 풍요롭고 의미 있게 만들어 줄 것입니다.

여러분, 심리극을 통해 우리의 마음을 맛있게 요리해 보는 것은 어떨까요? 심리극은 우리가 진정으로 원하는 것, 느끼는 것, 표현하고 싶은 것을 자연스럽게 나타낼 수 있는 무대입니다. 이 과정을 통해 우리는 더욱 자발적이고 강한 사람이 되어 삶에서 진정한 자유와 행복을 찾을 수 있을 것입니다.

심리극,
나는 오늘도 마음을 요리합니다

초판 1쇄 발행 2024. 12. 2.

지은이 박우진
펴낸이 김병호
펴낸곳 주식회사 바른북스

편집진행 황금주
디자인 양헌경

등록 2019년 4월 3일 제2019-000040호
주소 서울시 성동구 연무장5길 9-16, 301호 (성수동2가, 블루스톤타워)
대표전화 070-7857-9719 | **경영지원** 02-3409-9719 | **팩스** 070-7610-9820

•바른북스는 여러분의 다양한 아이디어와 원고 투고를 설레는 마음으로 기다리고 있습니다.
이메일 barunbooks21@naver.com | **원고투고** barunbooks21@naver.com
홈페이지 www.barunbooks.com | **공식 블로그** blog.naver.com/barunbooks7
공식 포스트 post.naver.com/barunbooks7 | **페이스북** facebook.com/barunbooks7

ⓒ 박우진, 2024
ISBN 979-11-7263-850-4 03180

•파본이나 잘못된 책은 구입하신 곳에서 교환해드립니다.
•이 책은 저작권법에 따라 보호를 받는 저작물이므로 무단전재 및 복제를 금지하며,
 이 책 내용의 전부 및 일부를 이용하려면 반드시 저작권자와 도서출판 바른북스의 서면동의를 받아야 합니다.